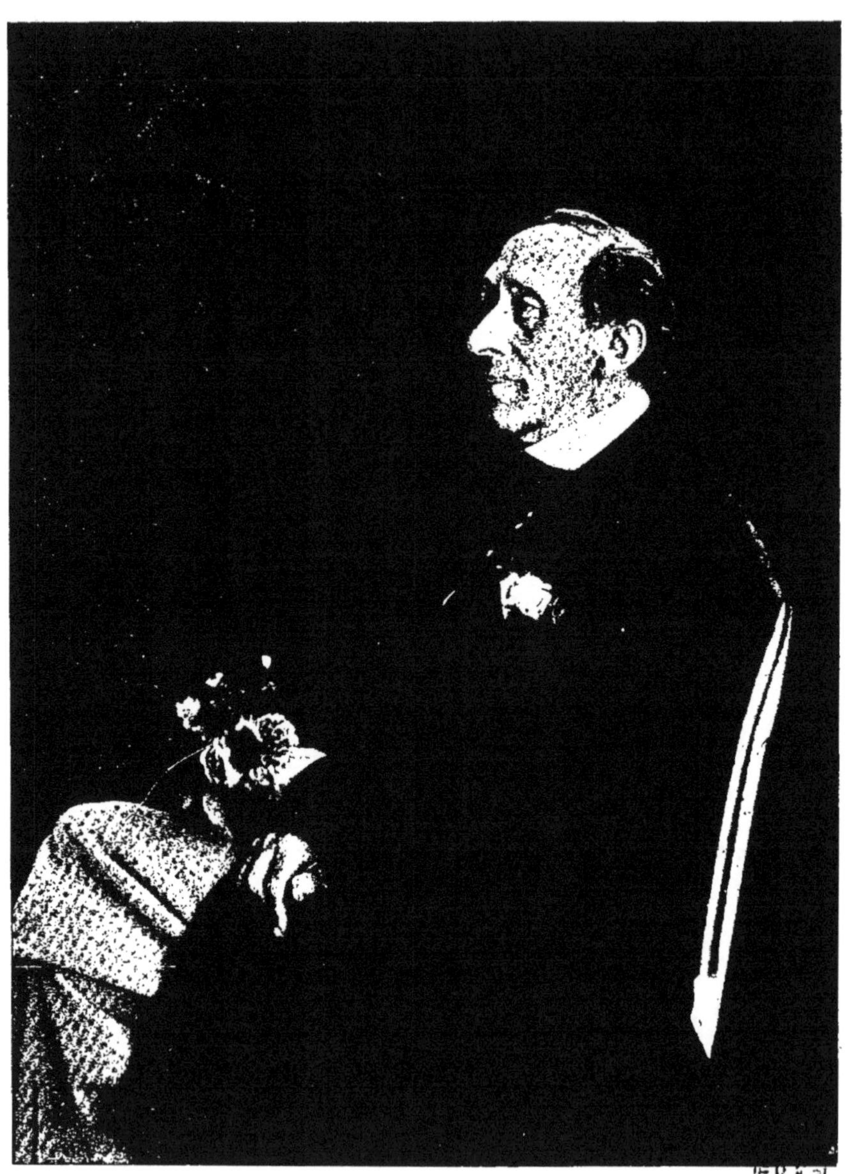

BIBLIOTHÈQUE NATIONALE

EXPOSITION ANDERSEN

MANUSCRITS · LETTRES
ÉDITIONS
ILLUSTRATIONS

27 MAI — 10 JUIN 1930

L'Exposition a pu être organisée grâce à la bienveillance de la Bibliothèque Nationale, de la Bibliothèque Sainte-Geneviève, de Paris ; des Bibliothèques Royale et de l'Université, du Musée des Beaux-Arts, de Copenhague ; du Musée National de Frederiksborg, du Musée Andersen d'Odensée, des collections privées de MM. Laage-Petersen, H. G. Olrik, de MMmes Marie Henriques et Hagelstam.

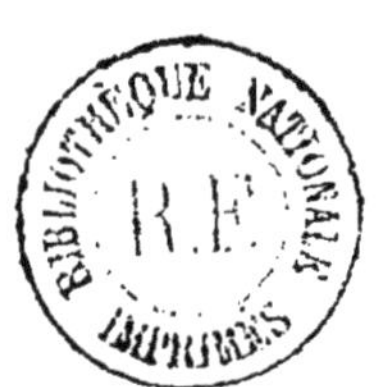

EXPOSITION ANDERSEN

Sous le haut patronage

de M. Pierre MARRAUD, Ministre de l'Instruction Publique et des Beaux-Arts,

et de M. F. BORGBJERG, Ministre de l'Instruction Publique et des Beaux-Arts de Danemark.

Présidents d'Honneur :

M. Raymond POINCARÉ, de l'Académie Française, ancien Président de la République, Sénateur.
M. Louis BARTHOU, de l'Académie Française, ancien Président du Conseil, Sénateur.
M. E. HERRIOT, ancien Président du Conseil, Député, Maire de Lyon.
M. A. HONNORAT, ancien Ministre, Sénateur, Président de l'Association Franco-Danoise.
M. P. PAINLEVÉ, ancien Président du Conseil, Député, Membre de l'Institut.
M. Louis HERMITE, Ministre de France à Copenhague.
M. H. A. BERNHOFT, Ministre de Danemark à Paris.

Comité d'Honneur :

M. A. Antoine, Critique.
M. Jacques Arnavon, Ministre Plénipotentiaire, Homme de Lettres.
M. P.-J. Baldensperger, de l'Institut, Professeur à la Sorbonne.
M. Léon Bailby, Directeur de *l'Intransigeant.*
M. René Baschet, Directeur de *l'Illustration.*
M. Maurice Bedel, Homme de Lettres.
M. André Bellessort, Homme de Lettres, Directeur de la Librairie Perrin.
M. Pierre Benoit, ancien Président de la Société des Gens de Lettres.
M. Jules Bernard, Professeur au Lycée Carnot.
M. Tristan Bernard, Homme de Lettres.
M. Jacques-Emile Blanche, Homme de Lettres, Artiste-peintre.
M. Gabriel Boissy, Rédacteur en Chef de *Comœdia.*
M. Henry Bordeaux, de l'Académie Française.
M. Georges Bourdon, Secrétaire Général du Syndicat des Journalistes français.
M. Paul Bourget, de l'Académie Française.
M. Pierre Brisson, Directeur des *Annales.*
M. Alfred Bruneau, de l'Institut, Compositeur de Musique.
M. Ferd. Brunot, de l'Institut, Professeur à la Sorbonne.
M. Jean Cassou, Homme de Lettres.

Dr Jean CHARCOT, de l'Institut.
M. Sébastien CHARLETY, Recteur de l'Académie de Paris.
M. André CHAUMEIX.
Mme COLETTE.
M. Maurice DELAMAIN, Directeur de la Librairie Stock.
Mme Lucie DELARUE-MARDRUS.
Mme Suzanne DESPRÈS.
M. René DOUMIC, Secrétaire Perpétuel de l'Académie Française, Directeur de la *Revue des Deux-Mondes.*
M. Georges DUHAMEL, Homme de Lettres.
M. Emile FABRE, Administrateur du Théâtre-Français.
M. Jean-Louis FORAIN, de l'Institut, Artiste-peintre-dessinateur.
M. FRANC-NOHAIN, Rédacteur en chef de *l'Echo de Paris.*
M. Jean GATEAU, Homme de Lettres.
M. Firmin GÉMIER, Directeur de l'Odéon.
M. Paul GÉRALDY, Homme de Lettres.
M. André GIDE, Homme de Lettres.
M. Paul GINISTY, Critique Dramatique du *Petit Parisien.*
M. Henri GIRARD, Administrateur de la Bibliothèque Sainte-Geniève.
M. Jean GIRAUDOUX, Homme de Lettres.
M. Paul HAZARD, Professeur au Collège de France.

M. Edmond Jaloux, Homme de Lettres.
M. Marcel Knecht, Secrétaire Général de la Direction du *Matin*.
M. P.-G. La Chesnais, Homme de Lettres.
M. Stéphane Lauzanne, Rédacteur en Chef du *Matin*.
M. Henri Lavedan, de l'Académie Française.
M. Frédéric Lefèvre, Directeur des *Nouvelles Littéraires*.
M. Paul Léon, de l'Institut, Directeur Général des Beaux-Arts.
M. Julien Luchaire, Directeur de l'Institut International de Coopération Intellectuelle.
M. Lugné-Poe, Directeur de Théâtre.
M. de Marcillac, Rédacteur en Chef du *Journal*.
M. André Maurois, Homme de Lettres.
M. Lucien Maury, Homme de Lettres.
M. Francis de Miomandre, Homme de Lettres.
Mme la Comtesse de Noailles.
M. Pierre Paraf, Homme de Lettres.
M. Poulbot, Artiste-peintre.
M. Marcel Prévost, de l'Académie Française.
M. René Puaux, Rédacteur au *Temps*.
Mme de Quirielle.
M. Charles Rabot, Homme de Lettres.
M. Gaston Rageot, Président de la Société des Gens de Lettres.
M. Georges Ricou, Directeur de l'Opéra-Comique.

M. HENRI-ROBERT, de l'Académie Française, ancien Bâtonnier.

M. ROLAND-MARCEL, Administrateur de la Bibliothèque Nationale.

M. Romain ROLLAND, Homme de Lettres.

M. ROSNY Aîné, Homme de Lettres, Président de l'Académie Goncourt.

M. Jacques ROUCHÉ, de l'Institut, Direct. de l'Opéra.

M. Florent SCHMIDT, Compositeur de Musique.

M. Paul VALÉRY, de l'Académie Française.

M. Paul VERRIER, Professeur à la Sorbonne.

M. André WALTZ, Homme de Lettres.

M. Henri DE WEINDEL, Directeur-Rédacteur en chef d'*Excelsior*.

Comité d'Organisation :

M. Helge WAMBERG, Conseiller spécial de la Légation de Danemark, Commissaire du Gouvernement danois.

M. H. G. OLRIK, Homme de Lettres.

M. Emile DACIER, Conservateur-adjoint de la Bibliothèque Nationale.

M. Waldemar HANSEN, Bibliothécaire à la Bibliothèque Royale de Copenhague et à la Section Finno-Scandinave de la Bibliothèque Sainte-Geneviève.

Rédaction du Catalogue :

M. Waldemar HANSEN, avec la collaboration de Mme Elna CORNET.

ANDERSEN

C'est à juste titre que le Danemark veut fêter avec éclat, dans le monde entier, l'anniversaire de la naissance d'*Andersen* : car *Andersen* est un grand poète non pas seulement de langue danoise, mais de toutes les langues.

Il n'est aucun homme qui ne lui doive un culte particulier, pourvu qu'il soit sensible à la puissance de transfiguration qu'est la véritable poésie. Chez *Andersen*, pas de déclamation, pas de rhétorique, pas de richesse verbale ostentatoire : les mots les plus simples, quelques courtes phrases, et les cordes secrètes de notre sensibilité sont si justement touchées qu'elle en est ébranlée tout entière. A la morne, à la rigide réalité, se substitue, comme par un coup de baguette magique, un monde merveilleux, d'une si exquise, d'une si touchante fantaisie.

C'est pourquoi le grand écrivain danois garde son charme à travers toutes les langues et résiste à l'épreuve redoutable de la traduction. Il ne peut évoquer même les choses les plus humbles, sans qu'elles revêtent un mystérieux rayonnement qui atteint l'âme directement. C'est des pauvres tisons d'un paquet d'allumettes, dans une rue glacée, que surgit la fête resplendissante qui accueille pour l'éternité la petite fille abandonnée.

La véritable immortalité pour le poète, c'est de ressusciter en chacun de nous, par l'émotion qu'en certaines heures d'élection il nous communique ; résurrection d'un instant, mais sans cesse renouvelée à travers les générations, où le meilleur de lui se ranime dans le meilleur de nous. Cette immortalité, *Andersen* la connaît dans les âmes d'hommes comme dans les âmes d'enfants, car il sait émouvoir, du même sortilège, la sensibilité puérile et jusqu'à la sensibilité lassée du vieillard.

Que chacun de nous se remémore « ces heures d'élection » qu'il doit à *Andersen* ! Pour moi, quand je me penche sur mon plus lointain passé, je revois, juché sur une grande chaise, un enfant qui commence à lire seul et lit avec voracité. Et voici que cette image du fond de la mer s'incruste dans ses yeux pour ne plus s'effacer « sur le sable blanc, plantes et arbres les plus extraordinaires poussent ; leur ramure et leurs feuilles sont tellement souples qu'elles frissonnent comme des êtres vivants au moindre mouvement de l'eau. Tous les poissons, grands et petits, vont et viennent entre les branches, pareils aux oiseaux dans l'air ».

Vingt ans plus tard, autre souvenir : A l'orée d'une grande forêt, au cœur de l'été, un essaim de jeunes hommes et de jeunes filles. C'est l'âge où la vie veut tout embrasser. Une émouvante voix féminine évoque l'inutile et douloureux sacrifice de la petite Sirène qui ne put se faire aimer. Pauvre petite Sirène! Serait-il vrai que nous t'ayons laissé passer sans te comprendre ? Peut-être ne serais-tu pas morte si, plus clairvoyant que le beau prince de la légende, un cœur magnanime avait su deviner ton silencieux martyre.

Vingt ans encore, s'écoulent : un père et un enfant sont en présence : Quelle fable, quelle légende saura réunir, dans un charme partagé, les deux sensibilités. La Fontaine ne touche pas encore l'âme puérile. Mais qu'elle est belle l'histoire de la princesse innocente et persécutée qui, toute la nuit, dans sa prison, pendant qu'on dresse pour elle l'échafaud, tisse, tisse éperdûment, afin de sauver ses frères. Et l'univers entier s'émeut pour elle : les souris, pour l'aider, apportant jusqu'à ses pieds les orties qu'elle doit ourdir, et le merle, pour lui donner courage, chante toute la nuit aux barreaux de sa fenêtre.

C'est parce qu'elle est tout imprégnée de pitié et de compassion humaine que l'œuvre d'*Andersen* sait, à tous les âges, toucher tous les cœurs. Pour répondre à l'appel de la Justice, la voix du poète trouve même les plus graves accents : comme dans ces vers où une pauvresse, au fond de sa masure, rêve pour l'enfantelet qu'elle berce des jours d'or et de soie ; mais la voix sinistre des corbeaux lui répond : « Ton ange, ton ange grandit pour nous ; le pauvre pourvoit les potences. »

Honorons celui qui a su traduire, sous des formes si variées, si délicates ou si parfaites, le tourment des hommes.

Paul PAINLEVÉ.

Notice biographique

Hans Christian Andersen naquit le 2 avril 1805 à Odensée, ville principale de l'île de Fionie, au Danemark. On ne peut déterminer avec certitude l'endroit exact de cette ville où il vint au monde ; ce fut sans doute dans la plus grande pauvreté. Ses parents s'étaient mariés deux mois avant sa naissance afin de lui assurer la situation d'un enfant légitime, mais ils n'avaient pas encore fondé leur foyer. Le père, compagnon cordonnier sans ressources, avait servi pendant quelque temps comme enrôlé volontaire aux armées. La mère, d'au moins quinze ans plus âgée que son mari, n'était pas une ingénue quand elle fit sa connaissance, mais, après son mariage, elle travailla honnêtement, faisant le dur métier de blanchisseuse. Vers la fin de sa vie, elle s'adonna quelque peu à la boisson. Cependant, par le petit enfant qu'elle mit au monde, pauvre enfant du peuple, la vieille prophétie de la Bible s'accomplit : celui qui honore son père et sa mère sera heureux et verra son nom vivre longtemps dans le pays. Jamais il n'y eut fils plus tendre, plus affectueux pour sa mère, et il garda, jusqu'à la fin de sa vie, une reconnaissance émue à l'humble foyer de son enfance.

Ce sentiment de reconnaissance et de confiance à l'égard de ceux qui lui voulaient du bien, fut, en somme, le seul bagage moral qu'il emporta quand, à quatorze ans, et sans un sou en poche, il partit de chez lui, à la conquête de cette gloire que déjà, sans qu'il connût encore ses dons ni où ils le pousseraient, il avait le ferme propos de gagner. La Providence, en qui il avait foi, ne l'abandonna pas ; certes, ni les difficultés, ni les douleurs ne lui furent épargnées, mais il estima lui-même, arrivé au sommet de sa vie, que celle-ci avait été un « conte merveilleux », plus étrange qu'il n'eût pu l'imaginer.

Venant du peuple, il eut à lutter contre de nombreux obstacles avant d'acquérir de l'instruction ; ce n'est qu'à vingt-trois ans qu'il fut jugé en possession des connaissances nécessaires pour être inscrit comme étudiant à l'Université de Copenhague. Et il ne devint jamais un savant. A partir de 1828, il se consacre uniquement à la poésie — et cela suffit largement à occuper son temps. La longue liste de ses écrits montre l'étendue de son activité et de son ardeur à écrire. Il donna en 1822 un ouvrage anonyme, enfantin et sans originalité, mais son véritable livre de début parut le 1er janvier 1829. Il s'essaya dans tous les genres littéraires et la plupart du temps avec succès, comme dans ses descriptions de voyage, moitié journalistiques, moitié poétiques. Parmi les écrivains de son pays, il restera celui qui a fait de la langue danoise un outil moderne et souple, apte à exprimer des sentiments et décrire des choses, qui, avant lui, n'avaient pas encore trouvé leur expression : Bien entendu, dans sa patrie, on ne le comprit pas, ni lui, ni son œuvre, — il devait se passer bien des années avant qu'on l'y tolérât, et encore plus longtemps avant qu'on l'y appréciât à sa juste valeur. Cependant, sa poésie, étrangement spontanée, avait su, malgré les entorses inévitables d'une traduction, attirer l'attention sur lui à l'étranger, où l'on ne voyait en lui qu'un poète de grand talent, et où l'on ignorait tout de son enfance malheureuse et de ses origines, qu'on ne cessait de lui reprocher dans son pays natal : quelque chose de bien pouvait-il venir d'Odensée ?

Faut-il s'en étonner ? Certes non, car il y avait dans ses œuvres, et notamment dans la fleur de sa production, dans ses contes, cette naïveté, cette pureté qu'il faut voir, comme tout ce qui est unique et grand, d'abord à distance, et que seuls peuvent comprendre ceux qui ont gardé eux-mêmes un cœur pur et naïf, qui sont bons et intelligents et qui sont restés un peu enfants. De ceux-là, il se trouve, dans chaque pays, un petit nombre, et Andersen eut le bonheur de se faire remarquer très rapidement d'eux. Ses premiers petits recueils de contes, parus en 1835, portaient comme sous-titre « racontés aux enfants » ; la même année, ils parurent en allemand ; en 1842 en suédois ; en 1846, en anglais, et en 1848, en français ; depuis, ils ont fait le tour du monde : Andersen avait pris les enfants par la main et gagné ainsi le cœur des parents. Avant 1860 déjà, les contes avaient été traduits en hindoustani et furent employés par les missionnaires au Bengale comme livre de lecture. Pour son soixante-dixième anniversaire, on remit au poète, en marque d'honneur, une édition en quinze langues de *l'Histoire d'une mère*. En 1874, parut une nouvelle édition de ce conte, en vingt-deux langues différentes. Vers l'an 1900, un auteur danois trouva, au Japon, dans une affreuse édition illustrée populaire, le conte des *Habits de l'empereur*, que l'on vendait pour quelques sous dans les rues de Tokio, un jour de foire. En 1874, une souscription fut organisée parmi les enfants des Etats-Unis d'Amérique pour un cadeau de leur part à leur auteur favori. En 1880, une statue du poète fut érigée à Copenhague; en 1896, on en éleva une autre au Lincoln Park de Chicago. Lorsque, après 1860, il transposa ses contes en pièces de théâtre, où se retrouve le même esprit naïf, tendre et en même temps enjoué, des spectateurs, hommes et femmes du peuple, vinrent lui exprimer, à lui qui sortait de leur classe, leur reconnaissance, accompagnant leurs paroles simples d'une cordiale poignée de main.

Cette partie de son œuvre le rendit célèbre, dès son

vivant, dans le monde entier. On trouvera, parmi la cinquantaine de lettre présentées à cette exposition, les noms de tous les hommes et femmes connus de son époque; une enquête organisée cette année à l'occasion du 125e anniversaire de sa naissance apporta une preuve surprenante de l'extension toujours croissante de sa célébrité mondiale.

Ses amis de Copenhague les plus proches, qui le voyaient partir tous les ans vers de nouveaux pays, vers de nouvelles réceptions honorifiques, le plaisantaient gentiment, l'appelant, non sans raison, « Monsieur Europe ». En effet, ses voyages le transportèrent d'Ecosse jusqu'au proche Orient, de Stockholm à Naples ; il avait de bons amis parmi les horlogers du Jura, et les familles anglaises de Tanger aimaient le recevoir. Bientôt, ce globe-trotter, à une époque où ce terme — et ce qu'il désigne — était encore assez inconnu, ne pouvait traverser une ville sans être reconnu et entouré à la descente du train ou à son hôtel.

Il vint à Paris pour la première fois, le 10 mai 1833 — demeura quelques mois à l'hôtel Vivienne dans la rue du même nom — et apprit à aimer la grande ville et son animation. Il vit inaugurer la statue de Napoléon place Vendôme et prit part, grâce à une invitation du Duc d'Orléans qu'il s'était procurée de troisième main, à un bal magnifique à l'Hôtel de Ville. Il revint dix ans plus tard et descendit à l'hôtel de Valois dans la rue de Richelieu, en face de la Bibliothèque Nationale, où il occupa une modeste chambre au 5e étage ; mais, heureux de cette atmosphère accueillante, il fréquenta des poètes comme Alfred de Vigny, Victor Hugo, Alexandre Dumas et Balzac, et fut reçu chez Rachel, chez George Sand. Ici, les salons l'honoraient, le choyaient ; dans sa patrie, il était encore l'objet d'une critique offensante et mesquine. Ce séjour à Paris lui fut donc d'un grand réconfort. Quand il repartit, il emporta un précieux trésor : son album, où des hommes et des femmes célèbres avaient exprimé leurs sentiments d'amitié. (On en trouvera quelques pages à l'exposition.) Il séjourna plus tard, à différentes reprises, à Paris, ainsi en 1867, où il y vint deux fois et où l'Exposition Universelle suscita chez lui, qui aimait son époque et toutes ses inventions, notamment dans le domaine de l'industrie, une profonde admiration et lui inspira un conte : *la Dryade*, qui parut, la même année, simultanément en danois, en français, en anglais, en allemand et en hollandais.

Andersen n'était déjà plus, alors, « la bête traquée de la littérature danoise » ; dans sa patrie, comme à l'étranger, on l'entourait d'estime et de vénération ; les plus hautes distinctions lui furent accordées par le Roi et les souverains étrangers ; sa ville natale le nomma citoyen d'honneur et a continué à lui vouer, depuis, un culte fervent et fidèle, dont le dernier signe a été, cette année, l'achat de la maison où il passa son enfance et à qui il garda un amour toujours aussi pro-

2

fond et vivace, pour la restituer dans son état primitif.

Une seule chose fut refusée à Andersen par le destin : le bonheur d'être aimé par une femme. Aucune ne l'a jamais pris dans ses bras avec amour et dévouement. Cependant, il fut, lui, souvent blessé par les flèches d'Eros, et son cœur resta, chaque fois, meurtri pour longtemps. Les femmes dont il fut amoureux appartinrent à toutes les classes de la société. La première, Riborg Voigt, petite jeune fille bourgeoise de la ville de Faaborg en Fionie, en épousa un autre ; plus tard, il fut épris de Louise, fille cadette de son protecteur, le très puissant « Conseiller intime » Collin — mais ce jeune littérateur sans fortune, pouvait-il prétendre à la main d'une jeune fille d'aussi haute position sociale ? Puis ce fut une comtesse suédoise, et les chances d'une union parurent plus réelles que dans ses autres aventures sentimentales ; mais le destin s'acharna contre lui et noua une intrigue cruellement théâtrale. Cependant, le coup le plus terrible pour le pauvre poète fut le refus qu'il reçut de sa sœur en art, la célèbre cantatrice Jenny Lind, surnommée « le rossignol suédois ». Cette lettre est exposée ici parmi d'autres, jusqu'à présent inédites. Cette suite de déboires et de douleurs amoureuses fut la rançon à ces forces qui rétablissent en tout l'équilibre et qui avaient si largement doté Andersen dans d'autres domaines. Et, à tout prendre, ce fut lui qui gagna ; en effet, *le Rossignol, la Reine des neiges, le Vilain petit canard*, et ce chef-d'œuvre, *l'Histoire d'une mère*, même, auraient-ils pu être créés par un poète qui aurait eu à lutter, non seulement contre des critiques hargneux et contre les difficultés matérielles de la vie, qui sont le lot des poètes, mais qui aurait eu encore tous les soucis d'un père de famille — les couches séchant dans son cabinet de travail — les notes impayées des fournisseurs — les ennuis de domestiques et tous les autres détails pénibles et ridicules qui peuvent décourager, jusqu'au désespoir, même les plus forts ?

Non, là aussi, le destin servit Andersen ; et, en amitié, il fut comblé : de nombreux hommes éminents furent ses amis, des femmes d'une haute valeur morale l'entourèrent de leur dévouement, de leurs soins et lui permirent, par leur compréhension patiente de la susceptibilité délicate de son caractère, de laisser s'épanouir pleinement ses dons précieux — d'abord dans l'intimité, ensuite devant le monde. La dernière de ces amies, et qui est sans doute celle grâce à qui le conteur conserva jusqu'à la fin la santé et la force de créer, fut Mme Dorothée Melchior. Durant ses derniers mois, elle le recueillit dans la propriété « Rolighed » (Tranquillité), belle maison de campagne qu'elle et son mari, Moritz G. Melchior, possédaient à proximité de Copenhague. C'est ici que le vieux poète solitaire et sans enfants, ferma les yeux pour toujours, le 4 août 1875. La maison n'existe plus — les nouvelles bâtisses de la grande ville ont envahi, depuis longtemps, son emplacement ; pourtant, à la façade d'un de ces immeubles, sur l'initiative du sculpteur français Ancelin, grand admirateur du poète, une pierre a été scellée il y a quelques années, indiquant que ce fut là que mourut le conteur Hans Christian Andersen.

Aucun parent, aucun enfant ne suivit son cercueil lorsqu'après une pompeuse cérémonie funèbre à la cathédrale de Copenhague, on le transporta à travers la ville; mais, sur son passage, la foule s'amassait, saluant avec un respect ému sa dépouille. Il repose dans un des plus anciens cimetières de la capitale; sous une pierre toute simple ; selon son désir, on l'enterra aux côtés de deux êtres qu'il avait tendrement chéris : son ami de jeunesse Edvard Collin et son épouse Henriette Thybjerg.

Le Danemark n'a pas de Panthéon où transporter les restes de ses grands hommes ; mais est-il sort plus beau que de retomber en poussière dans le sol natal ? Une étoile filante traverse le ciel nocturne ; personne ne sait d'où elle vient ni où elle va — et qu'importe où elle s'est abattue ? Le souvenir en reste dans les cœurs qui reflétèrent ses rayons, et chaque fois que la pensée s'y reporte, la joie qu'elle a créée renaît. C'est ce que nous appelons l'immortalité, et, parmi ceux qui l'obtinrent, nous plaçons le poète, le conteur danois Hans Christian Andersen.

H. G. OLRIK.

MANUSCRITS

1. **Proclamation d'Andersen** à " toutes les personnes de noble pensée " (1820). Elle porte, entre autres, la signature de H. C. Oersted.

   Collection Collin. Bibl. Royale de Copenhague.

2. Manuscrit de **Dryaden. [La dryade]**. Brouillon. (Conte écrit à l'occasion de l'Exposition Universelle à Paris en 1867).

3. Manuscrit de **Dryaden. [La dryade]**. Copie nette.

4. **Isjomfruen. [La vierge de glace]**. Ce manuscrit montre la manière de travailler d'Andersen.

   Collection Collin. Bibl. Royale de Copenhague.

5. **Improvisatoren. [L'improvisateur]**. Copie nette.

   Collection Collin. Bibl. Royale de Copenhague.

6. **Kun en Spillemand. [Rien qu'un violoneux]**.

   Collection Collin. Bibl. Royale de Copenhague.

7. Manuscrit du conte **La princesse sur un pois.**

   Collection Collin. Bibl. Royale de Copenhague.

8. **Skovcapellet** (1821). **[La chapelle au bois]**. Tragédie. Œuvre de jeunesse d'Andersen.

Collection Collin. Bibl. Royale de Copenhague.

9. **Studevten** (1829). **[L'Etudiant]**. Manuscrit original.

Collection Collin. Bibl. Royale de Copenhague.

10. **Vers** écrits à Leipzig chez Mendelsohn, le 5 juillet 1841.

Collection Collin. Bibl. Royale de Copenhague.

11. **Cantique** composé en 1853, pendant l'épidémie de choléra, et chanté à l'Eglise de Notre-Dame, à Copenhague, pour l'enterrement d'Andersen en 1875.

Collection Collin. Bibl. Royale de Copenhague.

12. **Chant** composé à l'occasion de l'anniversaire, le 6 janvier 1856, de Jonas Collin, et orné de silhouettes découpées par Andersen.

Collection Collin. Bibl. Royale de Copenhague.

13. **Journal d'Andersen** du 10 mai au 13 juin 1833.

14. **Livre de comptes de voyage** d'Andersen (1833).

Collection Collin. Bibl. Royale de Copenhague.

15. **Almanach 1843, utilisé comme journal de voyage,** par Andersen, qui y mentionne, entre autres, son séjour à Paris.

Collection Collin. Bibl. Royale de Copenhague.

16. **Compte** dressé pour Andersen par Edvard Collin (1866).

Collection Collin. Bibl. Royale de Copenhague.

17. **Comptes d'un voyage à Paris** au printemps 1867.

Musée Andersen à Odensée.

18. **Comptes d'un voyage à Paris** en septembre 1867.

Musée Andersen à Odensée.

19. **Dernières lignes autographes** du journal d'Andersen, le 19 juin 1875. Du 20 juin jusqu'à sa mort, le 4 août, c'est Mme Melchior qui écrit le journal sous sa dictée.

Collection Collin. Bibl. Royale de Copenhague.

20. **Diplôme de baccalauréat** délivré à Andersen par L. Chr. Muller en 1828.

Collection Collin. Bibl. Royale de Copenhague.

21. **Passeport** d'Andersen, fait le 2 octobre 1845.

Musée Andersen à Odensée.

22. **Diplôme de citoyen d'honneur** de la ville d'Odensée, donné à Andersen le 15 novembre 1867.

Musée Andersen à Odensée.

23. **Album** ayant appartenu à Andersen. Autographe de son ami, le duc Charles-Alexandre de Saxe-Weimar.

Collection Collin. Bibl. Royale de Copenhague.

24. **Sketches by Boy** (1839). Avec une **dédicace autographe de Dickens.**

Collection Collin. Bibl. Royale de Copenhague.

25. **Robert Schumann** : [Ms d'] Op. 40, 4 chansons avec texte d'Andersen. [Une de Chamisso]... Dédié à Andersen In-4°.

A M. Laage-Petersen.

LETTRES

26. **Lettre** d'Andersen à Tieck, datée, Copenhague, le 1er février 1829.

    A M. Laage-Petersen.

27. **Lettre** d'Andersen à Mlles Lydia et Rosalie Houriet, Copenhague, 28 mai 1835.

    A M. Laage-Petersen.

28. **Lettre** d'Andersen au conseiller de tribunal de police Drewsen à Copenhague. (Leipzig, 3 juillet 1841) ; écrite sur le papier des chemins de fer Leipzig-Dresde).

    Musée Andersen à Odensée.

29. **Lettre** d'Andersen à Charles Bouer, Regensbourg. (Copenhague, 4 mars 1847).

    A M. Laage-Petersen.

30. **Lettre** d'Andersen à Franz V. Dingelstedt (Intendant du Hoftheater à Weimar). (Copenhague, 4 février 1852).

    A M. Laage-Petersen.

31. **Lettre** d'Andersen au baron de Beaulieu, Wilhelmsthal b. Eisenach. (Copenhague, 2 septembre 1855).

    A M. Laage-Petersen.

32. **Lettre** d'Andersen au prince royal Frederik (plus tard Frederik VIII). (Copenhague, 17 janvier 1874).

    A M. Laage-Petersen.

33. **Lettre** d'Andersen, présumée à Alfred de Vigny. (Paris le 18 mars 1863).

A M. Laage-Petersen.

34. **Lettre** d'Andersen à G. Brandes. (" Rolighed ", près de Copenhague, 13 juillet 1869).

Musée Andersen à Odensée.

35. **Lettre du roi Frederik VII** de Danemark à Andersen (Copenhague, 13 février 1862).

Collection Collin. Bibl. Royale de Copenhague.

36. **Lettre,** non datée, **de la reine Louise,** épouse du roi Christian IX de Danemark, à Andersen.

Collection Collin. Bibl. Royale de Copenhague.

37. **Lettre du roi Frederik VIII,** enfant, à Andersen.

Collection Collin. Bibl. Royale de Copenhague.

38. **Lettre du prince royal Frederik** de Danemark (plus tard Frederik VIII), à Andersen. (Fredensborg, 26 décembre 1866).

Collection Collin. Bibl. Royale de Copenhague.

39. **Lettre,** datée du 1er décembre 1872, **de la princesse royale Louise de Danemark** (plus tard reine ; épouse de Frederik VIII), à Andersen.

Collection Collin. Bibl. Royale de Copenhague.

40. **Lettre de Lorenz Frœlich,** peintre danois, à un éditeur, concernant ses illustrations et dans laquelle il parle d'Andersen. (Paris, mars 1866).

A M. Laage-Petersen.

41. **Lettre de Lorenz Frœlich,** peintre danois, à Andersen. Paris, 18 avril 1866).

Collection Collin. Bibl. Royale de Copenhague.

42. **Lettre** du compositeur danois **J. P. E. Hartmann,** à Andersen, au sujet de la représentation de *Liden Kirsten* (1845).

Collection Collin. Bibl. Royale de Copenhague.

43. **Lettre de Mme Elisabeth Jérichau** à Andersen (27 mars 1874).

Collection Collin. Bibl. Royale de Copenhague.

44. **Lettre** du poète critique **P. L. Mœller** à Andersen. (Paris, 11 mars 1863). En partie écrite en français.

Collection Collin. Bibl. Royale de Copenhague.

45. **Lettre de H. C. Orsted** au sujet de *Agnete og Havmanden.* [*Agnète et le Roi des Mers*]. (Copenhague, 8 mars 1834).

Collection Collin. Bibl. Royale de Copenhague.

46. **Lettre de Vilhelm Pedersen** (illustrateur des Contes d'Andersen), à Andersen (Nyborg, Fionie, 18 octobre 1854). La lettre contient une nomenclature des dessins.

Collection Collin. Bibl. Royale de Copenhague.

47. **Lettre** du poète **Adolphe v. d. Recke et Chr. Hoskiær.** (Copenhague, 28 mars 1843). Avec une vue de la place Royale à Copenhague.

Collection Collin. Bibl. Royale de Copenhague.

48. **Lettre** du compositeur **H. Rung** à Andersen. (Copenhague, 2 août 1852).

Collection Collin. Bibl. Royale de Copenhague.

49. **Lettre de la baronne Christine Stampe** à Andersen. (Copenhague, 11 mai 1856).

Collection Collin. Bibl. Royale de Copenhague.

50. **Lettre** de **Mlle Jette Wulff** à Andersen. (Copenhague, 20 mars 1841). Le poète en voyage et se déplaçant sans cesse, cette lettre le suit à travers toute l'Europe.

Collection Collin. Bibl. Royale de Copenhague.

51. **Lettre de la marquise de Bonnay** à Andersen. (Paris, 1833).

Collection Collin. Bibl. Royale de Copenhague.

52. **Lettre de Philarète Chasles** à Andersen. (Meudon, 21 septembre 1867).

A M. Laage-Petersen.

53. **Lettre d'Henri Drouet** à Andersen. (Poitiers, 20 janvier 1863).

A la ville d'Odensée.

54. **Lettre d'Henri Drouet** à Andersen. (Châlons, 3 mai 1870).

Collection Collin. Bibl. Royale de Copenhague.

55. **Lettre,** non datée, **de Mme Victor Hugo** à Andersen.

Collection Collin. Bibl. Royale de Copenhague.

56. **Lettre de Xavier Marmier** à Andersen (écrite, moitié en français, moitié en danois). (Paris, 12 mai 1843).

Collection Collin. Bibl. Royale de Copenhague.

57. **Lettre** du poète **N. Martin** à Andersen. (Paris, 14 décembre 1841).

A M. Laage-Petersen.

58. **Lettre,** non datée, **de la princesse Anne de Hesse** à Andersen, où elle lui demande un autographe pour son album.

Collection Collin. Bibl. Royale de Copenhague.

59. **Lettre du grand duc Charles-Alexandre de Saxe-Weimar** à Andersen. (Weimar, 8 janvier 1849).

Collection Collin. Bibl. Royale de Copenhague.

60. **Lettre du roi Maximilien de Bavière** à Andersen. (18 novembre 1852).

Collection Collin. Bibl. Royale de Copenhague.

61. **Lettre de Richard Bentley,** l'éditeur anglais d'Andersen à Andersen. (Londres, 26 octobre 1863).

Collection Collin. Bibl. Royale de Copenhague.

62. **Lettre** du poète et traducteur russe **Theodor Berg** à Andersen. (Moscou, 1861). Cette lettre contient, entre autres, une traduction en russe du poème *Tyveknægten*, [*Le Voleur*], d'Andersen.

Collection Collin. Bibl. Royale de Copenhague.

63. **Lettre de Bjoernson** (1863) à Andersen, lui décrivant la fête organisée en son honneur par les Scandinaves à Paris.

Collection Collin. Bibl. Royale de Copenhague.

64. **Lettre de Fredrike Bremer** à Andersen. (30 janvier, 1848).

Collection Collin. Bibl. Royale de Copenhague.

65. **Lettre de Sir R. Bulwer-Lytton,** plus tard vice-roi des Indes, à Andersen. (Copenhague, 1849).

Collection Collin. Bibl. Royale de Copenhague.

66. **Lettre d'Adalbert v. Chamisso** à Andersen. (Allemagne, 5 août 1838).

A M. Laage-Petersen.

67. **Lettre de Camilla Collett** à Andersen. (Copenhague, 29 décembre 1856).

Collection Collin. Bibl. Royale de Copenhague.

68. **Lettre de Dickens** à Andersen. (Londres, 4 juin 1849).

A M. Laage-Petersen.

69. **Lettre de F. v. Dingelstedt** à Andersen. (Weimar, 22 février 1859).

Collection Collin. Bibl. Royale de Copenhague.

70. **Lettre de Sir J. H. Drummond Hay** à Andersen. (Tanger, 28 septembre 1862).

Collection Collin. Bibl. Royale de Copenhague.

71. **Lettre** du poète **Freiligrath et de sa femme Ida** à Andersen. (27 avril 1844).

Collection Collin. Bibl. Royale de Copenhague.

72. **Lettre** de l'écrivain **Edmund W. Gosse** à Andersen (31 mars 1875).

Collection Collin. Bibl. Royale de Copenhague.

73. **Salut de Klaus Groth** à Andersen. (Copenhague, 25 août 1868).

A M. Laage-Petersen.

74. **Lettre du baron Carl Hambro** à Andersen. (13 février 1849).

Collection Collin. Bibl. Royale de Copenhague.

75. **Lettre** à Andersen de l'écrivain **Paul Heyse.** (21 juin 1860).

Collection Collin. Bibl. Royale de Copenhague.

76. **Lettre de A. de Humboldt** à Andersen. (Berlin).

A M. Laage-Petersen.

77. **Lettre,** datée du 4 avril 1869, **de Melanchton M. Hurd,** New-York, à Andersen. (Hurd et Hougthon étaient les éditeurs d'Andersen en Amérique).

Collection Collin. Bibl. Royale de Copenhague.

78. **Lettre,** non datée, **de Jenny Lind,** célèbre cantatrice suédoise, à Andersen, par laquelle elle refuse à celui-ci de devenir sa femme.

Collection Collin. Bibl. Royale de Copenhague.

79. **Lettre de Jenny Lind,** à Andersen. (19 février 1875)

Collection Collin. Bibl. Royale de Copenhague.

80. **Lettre,** datée du 20 octobre 1869, **de Mary Livingstone** à Andersen.

Collection Collin. Bibl. Royale de Copenhague.

81. **Lettre,** datée du 28 décembre 1872, **de Mary Livingstone** à Andersen.

Collection Collin. Bibl. Royale de Copenhague.

82. **Lettre de Longfellow** à Andersen. (13 mars 1866). (Lettre de recommandation).

A M. Laage-Petersen.

83. **Lettre** de l'auteur **Andreas Munch** à Andersen. (Christiania, 23 avril 1858).

Collection Collin. Bibl. Royale de Copenhague.

84. **Lettre** du ministre d'Etat, **comte Conrad Rantzau-Breitenbourg** à Andersen. (Breitenbourg, Holstein, 26 mars 1843).

Collection Collin. Bibl. Royale de Copenhague.

85. **Lettre** du surintendant à Glauchau **A. G. Rudelbach** à Andersen. (Glauchau, Saxe, 22 mars 1842).

Collection Collin. Bibl. Royale de Copenhague.

86. **Lettre** du compositeur **Robert Schumann** à Andersen, concernant la mise en musique de sa poésie. (Leipzig, 1er octobre 1842).

Collection Collin. Bibl. Royale de Copenhague.

87. **Lettre** du rédacteur de " Riverside Press ", **Horace E. Scudder,** à Andersen. (Mass., U. S. A., 10 avril 1871).

Collection Collin. Bibl. Royale de Copenhague.

88. **Lettre** du commandant **Fr. Serre** à Andersen. (Maxen, près de Dresde, 29 septembre 1862).

Collection Collin. Bibl. Royale de Copenhague.

89. **Lettre** de l'illustrateur **Otto Spechter** à Andersen. (Hambourg, 26 juin 1868).

Collection Collin. Bibl. Royale de Copenhague.

90. **Lettre de Marcus Springal** à Andersen. (New-York, 5 juillet 1857).

Collection Collin. Bibl. Royale de Copenhague.

91. **Lettre de F. Steebeck** à Andersen. (Breslau, 25 mars 1874). Il est question, dans cette lettre, d'une poésie d'Andersen enfant.

Collection Collin. Bibl. Royale de Copenhague.

92. **Lettres de Nadejda Strassoff et Maria Trubnikoff** à Andersen. (Saint-Pétersbourg, 12, 24 mai 1868).

Collection Collin. Bibl. Royale de Copenhague.

93. **Lettre** du poète **J. L. ten Kate** à Andersen. (Amsterdam, 7 décembre 1869).

Collection Collin. Bibl. Royale de Copenhague.

94. **Lettre,** dans l'album d'Andersen, **du prince Valdemar de Danemark** à Andersen, (31 décembre 1867.) Reproduction photostatique.

95. **Feuillet d'album** d'Andersen, dédié à celui-ci par Balzac. (Paris, 1843). Reproduction photostatique.

Bibl. Royale de Copenhague.

96. **Feuillet d'album** dédié par A. Dumas à Andersen. (Acte IV, scène 4 de *Caligula*). Reproduction photostatique.

Bibl. Royale de Copenhague.

97. **Feuillet d'album** dédié par Victor Hugo à Andersen. Reproduction photostatique.

Bibl. Royale de Copenhague.

98. **Feuillet d'album** dédié à Andersen par Lamartine. (Paris, 3 mai 1843). Reproduction photostatique.

Bibl. Royale de Copenhague.

99. **Feuillet d'album** dédié à Andersen par Rachel. (Paris, 28 avril 1843). Reproduction photostatique.

Bibl. Royale de Copenhague.

100. **Lettre,** dans l'album d'Andersen, **de George Sand** à un inconnu et parlant du poète. Reproduction photostatique.

Bibl. Royale de Copenhague.

101. **Feuillet d'album** dédié à Andersen par Alfred de Vigny. (Paris, 26 avril 1843). Fragment de *la Sauvage,* poème philosophique. Reproduction photostatique.

Bibl. Royale de Copenhague.

IMPRIMÉS

ÉDITIONS DANOISES

102. **William Christian Walter : Gjenfædet ved Palnatokes Grav...,** og Alfsol... [**Le fantôme du tombeau de Palnatoke...**]. — Kjøbenhavn, Reitzel, 1827. In-8°. (Edit. originale).

Bibl. Royale de Copenhague.

(Le pseudonyme choisi ici par Andersen est inspiré par son admiration pour William Shakespeare et pour Walter Scott. Le prénom de Christian est le sien propre.)

103. **Fodreise fra Holmens Canal til Oestpynten af Amager i Aarene 1828 og 1829... [Voyage à pied du canal de Holmen à la pointe est d'Amager pendant les années 1828 et 1829]**. — Kjøbenhavn, Reitzel, 1829. In-8°. (Edit. originale).

Bibl. Royale de Copenhague.

(Le canal de Holmen se trouve au centre de Copenhague. L'île d'Amager est à l'est de la capitale, reliée avec celle-ci par des ponts.)

104. **Phantasier og Skizzer. [Fantaisies et esquisses]**. — Kjøbenhavn, 1831. In-8°. (Exemplaire dédié à Mlle Riborg Voigt et daté, Copenhague, soir de Noël 1830).

Musée Andersen à Odensée.

105. **Eventyr, fortalte for Bœrn. [Contes pour enfants]**. — Kjøbenhavn, Reitzel, 1837. In-8°. (Edit. originale).

Bibl. Royale de Copenhague.

106. **Eventyr, fortalte for Bœrn.** [**Contes pour enfants**]. — Kjøbenhavn, Reitzel, 1837-1842. In 8°. (Edit. originale).

Bibl. Royale de Copenhague.

107. **Billedbog uden Billeder.** [**Livre d'images sans images**]. — Kjøbenhavn, Reitzel, 1840. In-8°. (Edit. originale).

Bibl. Royale de Copenhague.

108. **Billedbog uden Billeder.** [**Livre d'images sans images**]. — Copenhague, 1928. In-8°. Tirage particulier.

A M. H. G. Olrik.

109. **Nye Eventyr,** 2-3 Samling. [**Nouveaux contes,** Recueil 2 et 3]. — Kjøbenhavn, 1845. In-8°. (Avec une dédicace à H. Zeise).

A M. Laage-Petersen.

110. **Historier.** [**Histoires**]. — Kjøbenhavn, H. Reitzel, 1852. In-8°. Edit. originale.

Bibl. Royale de Copenhague.

111. **Nye Eventyr og Historier** (1-4). [**Nouveaux contes et histoires**]. — Kjøbenhavn, Reitzel, 1858-1860. In-8°. Edit. originale.

Bibl. Royale de Copenhague.

112. **Nye Eventyr og Historier.** 2. Rk (1-4 Saml.). [**Nouveaux contes et histoires.** 2e série]. — Kjøbenhavn, Reitzel, 1861-1866. In-8°. (Edit. originale).

Bibl. Royale de Copenhague.

113. **Tre nye Eventyr. [Trois nouveaux contes]...** — Kjøbenhavn, Reitzel, 1870. In-8°. (Edit. originale).

Bibl. Sainte-Geneviève.

114. **...Nye Eventyr og Historier. [Nouveaux contes et histoires]**... (1-2.) — Kjøbenhavn, Reitzel, 1870-1871. In-8°. (Edit. originale. Illustrations de Lorentz Froelich).

Bibl. Sainte-Geneviève.

115. **Eventyr og Historier.** Ny Saml. **[Contes et histoires.** Nouveau recueil]. — Kjøbenhavn, Reitzel, 1872. In-8°. Edit. originale.

Bibl. Royale de Copenhague.

116. **...Eventyr. [Contes]**. Ny kritisk Udgave med Kommentar af H. Brix og A. Jensen. 1-7. — Kjøbenhavn, Gyldendal, 1919. 7 vol. in-8°.

Bibl. Sainte-Geneviève.

117. **La Petite marchande d'allumettes.** In-8°. (Dans l'Almanach populaire danois de 1846.)

A M. Laage-Petersen.

118. **To Jomfruer. [Deux Vierges]**. — Kjøbenhavn. In-8°. (Dans l'almanach *Danemark* de 1854).

A M. Laage-Petersen.

119. **Dryaden. [La dryade]**. — Kjøbenhavn, Reitzel, 1868. In-8°.

Bibl. Royale de Copenhague.

120. **Dryaden. [La dryade]**. 2e éd. Copenhague, 1868. In-8°. (Avec une dédicace à N. W. Gade).

A M. Laage-Petersen.

ROMANS

121. **Improvisatoren. [L'improvisateur]**. — Kjøbenhavn, Reitzel, 1835. In-8°. (Edit. originale).
Bibl. Royale de Copenhague.

122. **O. T.** Original Roman i 2 Dele. [**O. T.** Roman en deux parties]. — Kjøbenhavn, 1836. In-8°. (Edit. originale).
Bibl. Royale de Copenhague.

123. **Kun en Spillemand. [Rien qu'un violoneux]**. — Kjøbenhavn, Reitzel, 1837. In-8°. (Edit. originale).
Bibl. Royale de Copenhague.

124. **De to Baronesser. [Les deux baronnes]**. — Kjøbenhavn, Reitzel, 1849. (Edit. originale).
Bibl. Royale de Copenhague.

125. **De to Baronesser.** Original roman. [**Les deux baronnes.** Roman]. — Kjøbenhavn, 1866. In-8°. (Avec une dédicace à D. Soldi).
A M. Laage-Petersen.

126. **" At være eller ikke være ". [" Etre ou ne pas être "]**. — Kjøbenhavn, Reitzel, 1857. In-8°. (Edit. originale).
Bibl. Royale de Copenhague.

127. **Lykke-Peer... [Pierre le chanceux]**. — Kjøbenhavn, Reitzel, 1870. In-8°. (Edit. originale dédiée à M. N. V. Gade, compositeur danois).
Bibl. Sainte-Geneviève.

POÉSIES

128. **Digte. [Poésies].** — Kjøbenhavn, Reitzel, 1830. In-8°. (Edit. originale).

Bibl. Royale de Copenhague.

129. **Vignetter** til danske Digtere. [**Vignettes** pour quelques poètes danois]. — Kjøbenhavn, Reitzel, 1832. In-8°. (Edit. originale).

Bibl. de l'Université de Copenhague.

130. **Aarets tolv Maaneder,** Tegnede med Blæk og Pen. [**Les douze mois de l'année,** dessinés à l'encre et à la plume]. — Kjøbenhavn, Reitzel, 1833. In-8°. (Edit. originale).

Bibl. Royale de Copenhague.

131. **Samlede Digte... [Recueil de poésie].** — Kjøbenhavn, Reitzel, 1833. In-8°.

Bibl. Nationale.

132. **Tre Digtninger... [Trois poésies].** — Kjøbenhavn, Reitzel, 1838. In-8°. (Edit. originale).

Bibl. Royale de Copenhague.

133. **Cantate funèbre sur feu le roi Frederik VI.** Musique de J. P. E. Hartmann. Copenhague, 1840. In-8°.

Bibl. Royale de Copenhague.

134. **Digte, gamle og nye. [Poèmes, anciens et nouveaux].** — Kjøbenhavn, Reitzel, 1847. In-8°. (Edit. originale).

Bibl. Royale de Copenhague.

135. **Fædrelandske Vers og Sange under Krigen. [Vers et chants patriotiques composés pendant la guerre].** — Kjøbenhavn, Reitzel, 1851. In-8°. (Edit. originale).

Bibl. Royale de Copenhague.

THÉATRE

136. **Kjærlighed paa Nicolai Taarn. [Idylle sur la tour de Saint-Nicolas].** — Kjøbenhavn, Reitzel, 1829. In-8°. (Edit. originale).

Bibl. Royale de Copenhague.

136 *bis*. **Trois affiches de Théâtre** pour les représentations, en 1829, de **Idylle sur la tour Saint-Nicolas.**

A. M. Laage-Petersen.

137. **Skibet.** Vaudeville i een Akt. Bearbejdet efter Scribes og Mazères " La Quarantaine ". [Le Navire. Vaudeville en un acte. D'après la nouvelle " La Quarantaine " de Scribe et Mazères]. — Kjøbenhavn, 1831. In-8°.

Bibl. de l'Université de Copenhague.

138. **Bruden fra Lammermoor. [L'épousée de Lammermoor].** — Kjøbenhavn, 1832. In-8°. (Edit. originale, musique de J. Bredal).

Bibl. Royale de Copenhague.

139. **Ravnen** (efter Gozzis tragicomiske Eventyr). [**Le corbeau,** d'après le conte de Gozzi]. — Kjøbenhavn, 1832. In-8°, (Edit. originale. Musique de Hartmann).

Bibl. Royale de Copenhague.

140. **Agnete og Havmanden. [Agnète et le Roi des Mers].** — Kjøbenhavn, 1834. In-8°. (Edit. originale).

Bibl. Royale de Copenhague.

141. Sangene i **Festen paa Kenilworth.** [Chansons pour **la Fête à Kenilworth**]. — Kjøbenhavn, 1836. In-8°. (Edit. originale. Musique de Weyse).

Bibl. Royale de Copenhague.

142. **Skilles og moedes.** [**On se sépare et on se rencontre**]. — Kjøbenhavn, 1836. In-8°. Répertoire du Théâtre Royal de Copenhague.

Bibl. Royale de Copenhague.

143. **Den Usynlige paa Sprogœ...** [**L'invisible à Sprogoe**]. — Kjøbenhavn, 1839. In-8°. Répertoire du Théâtre Royal deCopenhague.

Bibl. Royale de Copenhague.

144. **Mulatten...** Romantisk Drama i 5 Akter. [**Le mulâtre**]. — Kjøbenhavn, 1840. In-8°. (Edit. originale).

Bibl. Royale de Copenhague.

145. **Maurerpigen.** [**La jeune fille mauresque**]. — Kjøbenhavn, 1840. In 8°. (Edit. originale. Musique de Hartmann).

Bibl. Royale de Copenhague.

146. **Gurre.** Aftenlandskab. [**Gurre.** Paysage au coucher du soleil]. — Kjøbenhavn, 1842. In-8°. (Edit. originale. Musique de Rung).

Bibl. Royale de Copenhague.

147. **Kongen droemmer.** Drama i 1 Act. — [**Le roi rêve**]. Kjøbenhavn, 1844. In-8°. (Edit. originale. Musique de Rung).

Bibl. Royale de Copenhague.

148. **Lykkens Blomst.** Eventyr-Comedie. **[La fleur du bonheur.** Comédie féerique]. — Kjøbenhavn, 1845. In-8°. (Edit. originale).

Bibl. Royale de Copenhague.

149. **Liden Kirsten...** Syngestykke. **[La jeune Kirsten...** Opérette]. — Kjøbenhavn [1846]. In-8°. — Musique de J. P. E. Hartmann.

Bibl. Royale de Copenhague.

150. **Ahasverus.** — Kjøbenhavn, 1848. In-8°.

Bibl. Royale de Copenhague.

151. **Kunstens Dannevirke. [Le Dannevirke de l'art].** — Kjøbenhavn, 1848. In-8°. Prologue pour le gala du centenaire du Théâtre Royal de Copenhague en 1848.

Bibl. Royale de Copenhague.

152. **Meer end Perler og Guld. [Plus que perles et or].** — Kjøbenhavn, 1849. In-8°. Comédie féerique en 4 actes, d'après F. Raimund : " Mille et une nuits ".

Bibl. Royale de Copenhague.

153. **Brylluppet ved Como-Söen. [Les noces du lac de Côme].** — Kjøbenhavn, 1849. In-8°. Opéra. Musique de F. Glaeser.

Bibl. Royale de Copenhague.

154. **Den nye Barselstue. [La nouvelle chambre de l'accouchée].** — Kjøbenhavn, 1850. In-8°.

Bibl. Royale de Copenhague.

155. **Ole Luköie. [Le petit marchand de sable].** — Kjøbenhavn, 1850. In-8°. Comédie féerique en 3 actes.

Bibl. Royale de Copenhague.

156. **Hyldemor. [Sous le sureau]**. — Kjøbenhavn, 1851. In-8°. Pièce fantaisiste.

Bibl. Royale de Copenhague.

157. **Nökken. [Le génie des eaux]**. — Kjøbenhavn, 1853. In-8°. Opéra. Musique de F. Glaeser.

Bibl. Royale de Copenhague.

158. **Han er ikke födt... [Il n'est pas né...]** — Kjøbenhavn, Reitzel, 1864. In-8°. (Edit. originale).

Bibl. Royale de Copenhague.

159. **Da Spanierne var her. [Quand les Espagnols étaient chez nous]**. — Kjøbenhavn, Reitzel, 1865. In-8°. (Edit. originale).

Bibl. Royale de Copenhague.

160. **Fini Henriques : Den lille Havfrue.** Eventyr-Ballet à 3 Akter. [**La petite sirène.** Ballet féerique en 3 actes]. (D'après Andersen). — Copenhague-Leipzig, [1910. In-f°.

Bibl. Royale de Copenhague.

VOYAGES

161. **Skyggebilleder af en Reise til Harzen... [Croquis d'un voyage à Harzen].** — Kjøbenhavn, Reitzel, 1831. In-8°. (Edit. originale).

Bibl. Royale de Copenhague.

162. **En Digters Bazar. [Le bazar d'un poète].** — Kjøbenhavn, Reitzel, 1842. In-8°. (Edit. originale).

Bibl. Royale de Copenhague.

163. **I Sverrig. [En Suède].** — Kjøbenhavn, Reitzel, 1851. In-8°. (Edit. originale).

Bibl. Royale de Copenhague.

164. **I Spanien. [En Espagne].** — Kjøbenhavn, Reitzel, 1863. In-8°. (Edit. originale).

A M. H. G. Olrik.

BIOGRAPHIE, CRITIQUE

165. **Mit Livs Eventyr. [Le conte de ma vie].** — Kjøbenhavn, Reitzel, 1855. In-8°. (Edit. originale).

Bibl. Royale de Copenhague.

166. **H. C. Andersens sidste Leveaar.** Hans Dagböger. 1868-1875 ved Jonas Collin. [**Les dernières années d'Andersen.** Son journal 1868-1875, par Jonas Collin]. Publié par Jul. Clause et P. Fr. Rist. — Copenhague, 1906. In-8°. (Dans la collection « Memoirer og Breve »)

Bibl. Royale de Copenhague.

167. **H. C. Andersens Levnedsbog.** Digterens Liv 1805-1831, nedskrevet 1832. [**Biographie d'Andersen. La vie du poète de 1805 à 1831**, écrite en 1832]. Publiée par Hans Brix. — Copenhague, 1926. In-8°.

A M. H. G. Olrik.

168. **Breve fra H. C. Andersen. [Lettres d'Andersen].** Publiées par C. St. A. Bille et Nikolaj. Bøgh. Vol. 1-2. — Copenhague, 1872. In-8°.

Bibl. de l'Université de Copenhague.

169. **Breve til Hans Christian Andersen. [Lettres adressées à Hans Christian Andersen].** Publiées par C. St. A. Bille et Nikolaj Bøgh. — Copenhague, 1877. (In-8°).

Bibl. Royale de Copenhague.

170. **Hans Brix et H. Rasmussen. [Andersen,** de sa ville natale — 2 avril 1805 à 1905]. — Odensée, 1905. In-8°.

Bibl. Royale de Copenhague.

171. **Hans Brix : H. C. Andersen og hans Livs Eventyr. [Andersen et le conte de sa vie].** — Copenhague, 1907. In-8°.

Bibl. Royale de Copenhague.

172. **E. Collin : H. C. Andersen og det Collinske Hus. [Andersen et la maison des Collin].** — Copenhague, 1882. In-8°.

Bibl. Royale de Copenhague.

173. **Hjalmar Helweg :** H. C. Andersen. En psykiatrisk Studie. [Etude psychiatrique]. — Copenhague, Hagerup, 1927. In-8°.

174. **Gustav Hetsch : H. C. Andersen og Musiken [Andersen et la musique].** — Copenhague, 1930. In-8°.

A M. Hagerup, éditeur, Copenhague.

175. **H. St. Holbeck : H. C. Andersen.** — Copenhague, 1925. In-8°. (Mennesker i Litteraturens, Kunstens, Politikens og Videnskabens Tjeneste 21).

Bibl. Royale de Copenhague.

176. **H. C. Andersen i Tekst og Billeder af Karl Larsen [Andersen en texte et en images par Karl Larsen].**— Copenhague, 1925. In-4°.

A M. J. D. Qvist, éditeur, Copenhague.

177. **La vie d'Andersen,** racontée par lui-même. En partie d'après l'original français de Marmier, par K... — Copenhague, 1861. In-8°.

Bibl. Royale de Copenhague.

178. **Livre sur Andersen** par la ville d'Odensée. Publié par Sophie Breum. — Odensée, 1905. In-8°.
Bibl. Royale de Copenhague.

179. **H. G. Olrik : [Nouvelles recherches sur la famille d'Andersen et sur le lieu de sa naissance].** — Copenhague, 1925. In-8°.
(Extrait de : Personalhistorisk Tidsskrift VIII. R. 4. B. I. H.).
Bibl. Royale de Copenhague.

180. **Elith Reumert : H. C. Andersen og det Melchiorske Hjem. [Andersen et la maison des Melchior].** — Copenhague, 1924. In-8°.
Bibl. Royale de Copenhague.

181. **Elith Reumert : H. C. Andersen, som han var. [Andersen, tel qu'il était].** — Copenhague, 1925. In-8°.
Bibl. Royale de Copenhague.

182. **Paul V. Rubow : H. C. Andersens Eventyr... [Les contes d'Andersen...].** — Copenhague, 1927. In-8°.
Bibl. Royale de Copenhague.

183. **H. Schwaneüflugel : Hans Christian Andersen. Et Digterliv. [Une vie de poète].** — Copenhague, 1905. In-8°.
Bibl. Royale de Copenhague.

184. **Rigmor Stampe : H. C. Andersen og hans nærmeste Omgang. [Andersen et son entourage le plus proche].** — Copenhague, 1918. In-8°.
Bibl. Royale de Copenhague.

185. **Gustav Ludvig Wad : Om Hans Christian Andersens Slœgt. [Sur la famille de H. C. Andersen].** — Odensée, 1905. In-4°.
Bibl. Royale de Copenhague.

ÉDITIONS FRANÇAISES

186. **Contes pour les enfants.** Traduits du danois par V. Caralp... — Paris, Belin-Leprieur et Morizot, 1848. In-8°. Illustrations par Derancourt.
Bibl. Nationale.

187. **Contes danois.** Traduction nouvelle. — Tours, A. Mame, 1853. In-12.
Bibl. Nationale.

188. **Contes.** Traduits du danois par Soldi avec une notice biographique de X. Marmier. — Paris, Hachette, 1856. In-16. Vignettes par Bertall.
Bibl. Nationale.

189. **Contes danois.** Traduits pour la première fois par MM. Ernest Grégoire et Louis Moland. — Paris, Garnier, 1873. In-8°. Illustrés d'après les dessins de Yan'Dargent.
Bibl. Nationale.

190. **Nouveaux contes.** Traduits par Louis Demonceaux. Précédés d'une lettre-préface par Eugène Bazin. — Versailles, 1874. In-12.
Bibl. Nationale.

191. **Nouveaux contes danois.** Traduits par Ernest Grégoire et Louis Moland. — Paris, 1875. In-8°. Illustrés d'après les dessins de Yan'Dargent.
Bibl. Nationale.

191bis **Contes.** Choisis et traduits par Paul Leyssac. — Montréal, 1916.
A M. Laage-Petersen.

192. **Contes...** Nouvellement traduits du danois par Wally-Anne Guégan. — Paris, Editions de La Sirène, 1920. In-4°. Décorés d'aquarelles et de dessins par Georges Delaw.
Bibl. Nationale.

193. **Contes...** Traduits du danois par D. Soldi. Avec une notice biographique par Xavier Marmier. Nouvelle édition. — Paris, Hachette, 1921. In-18. Illustrés de 40 vignettes, par Bertall.
Bibl. Nationale.

194. **Contes...** Traduction nouvelle d'après le danois par Paul Leyssac. Préface d'Edmond Jaloux. 2e édit.— Paris, Stock, 1922. In-8°.
Bibl. Nationale.

195. **Contes...** Traduits du danois par Mlle Cécile Lund et Jules Bernard. — Paris, Gedalge, 1927. In-4°. Illustrations de Mme Maggie Salcedo.
Bibl. Nationale.

196. **Contes danois :** Le fils du portier, Le brave petit soldat de plomb... — Paris, Elbeuf, 1929. In-8°. Illustrations de Maurice Delavier.
Bibl. Nationale.

197. **Le Briquet.** Traduction de L. de Hessem. — Paris, Firmin-Didot, 1862, In-16 : ouvrage orné de 5 gravures.
Bibl. Nationale.

198. **Le camarade de voyage,** Sous le saule, etc. Traduction de MM. Grégoire et Moland. — Paris, Garnier, 1874. Illustrations de Yan'Dargent.
Bibl. Nationale.

199. **...Trente-trois clairs de lune.** Le livre d'images sans images. Version française d'Anne et Pierre Paraf. — Paris, La Nouvelle Société d'Edition, 1929. In-8°.

Bibl. Sainte-Geneviève.

200. **Le coffre volant.** Les souliers rouges, etc. Traduction de MM. Grégoire et Moland. — Paris, Garnier frères (s. d.). In-18. Illustrations de Yan'Dargent.

Bibl. Nationale.

201. **Les cygnes sauvages** et autres contes de fées... Adaptation française par B.-H. Gausseron. — Paris, Larousse (s. d.). In-16. (Les Livres roses pour la jeunesse, 26 gravures).

Bibl. Nationale.

202. **Les fleurs de la petite Aimée.** — Paris, Lecène et Oudin, 1889. In-32.

Bibl. Nationale.

203. **Grand Claus et Petit Claus.** — Paris, Lecène, Oudin et Cie, 1891. In-32. Illustrations de Liéger.

Bibl. Nationale.

204. **Les habits de l'Empereur.** Traduction de L. de Hessem. Paris, Firmin-Didot, 1892. In-18. (5 gravures).

Bibl. Nationale.

205. **Histoire d'une mère,** suivi de Le canneton, Le mauvais prince, etc... Traduit du danois. — Tours, A. Mame, 1853. In-18.

Bibl. Nationale.

206. **L'Homme de neige.** La pierre philosophale... Traduction de MM. Grégoire et Moland. — Paris, Garnier, 1928. In-4°. Illustrations de Yan'Dargent.

Bibl. Nationale.

207. **Ib et la petite Christine.** — Paris, Lecène et Oudin, 1887. In-32.

Bibl. Nationale.

208. **Le Papillon,** traduit par Louis Boné. — Bordeaux, Impr. Gounouilhou, 1887. In-8°. Pièce.

Bibl. Nationale.

209. **Le petit soldat de plomb...** Traduit par Charles Simond. — Paris, Société française d'Imprimerie et de Librairie, 1913. In-8°. Illustrations de Firmin Bouisset.

Bibl. Nationale.

210. **Petite Poucette.** — Paris, Lecène, Oudin et Cie, 1891. In-32. Illustrations de Liéger.

Bibl. Nationale.

211. **La petite Sirène.** Traduit par Charles Simond. — Paris, Lecène, Oudin et Cie, 1891. Illustrations de Firmin Bouisset.

Bibl. Nationale.

212. **...La Reine des neiges.** Traduction d'Etienne Avenard. — Paris, Félix Juven (s. d.). In-8°. Illustrations de Hans Tegner.

Bibl. Nationale.

213. **...Les souliers rouges** et autres contes... Traduits par Ernest Grégoire et Louis Moland. — Paris, Garnier, s. d. In-8°. Illustrations de Yan'Dargent. Portrait d'Andersen.

Bibl. Nationale.

214. **Contes...** Adaptés par Jules Gourdault. — Paris, Hachette, 1892. In-18. (Bibliothèque des Ecoles et des Familles).

Bibl. Nationale.

215. **Une Sirène** ou le Palais sous la mer... — Paris, Larousse, s. d. In-14. (Les Livres roses pour la Jeunesse).

Bibl.Nationale.

216. **Le sapin merveilleux** et autres contes d'hiver et de printemps... Adaptation de B.-H. Gausseron. — Paris, Larousse, s.d. In-14. (Les Livres roses pour la Jeunesse).

Bibl. Nationale.

217. **L'Improvisatore** ou la Vie en Italie... Traduit par Mme Camille Lebrun. Tome I. — Paris, Amyot, 1847. In-18.

Bibl. Nationale.

218. **...Rien qu'un violoneux.** Traduit du danois par Mathilde et Pierre Paraf. — Paris, Gedalge, 1927. In-16.

Bibl. Nationale.

219. **Bruneau (Alfred). Le jardin du paradis,** conte lyrique en 4 actes, d'après Andersen. Poème de Robert de Flers et G.-A. de Caillavet. Musique d'Alfred Bruneau. Morceaux détachés pour chant et piano. — Paris, Heugel, 1924. In-f° (4 fasc.).

Bibl. Nationale.

220. **Le petit Elfe ferme l'œil,** tiré d'un conte d'Andersen. Composition d'André Hellé sur le ballet de Florent Schmitt. — Paris, Folmer, 1924.

Bibl. Nationale.

221. **Honegger (Arthur). Trois chansons.** Extraits de " La petite Sirène " d'Andersen. Paroles de René Morax. Chant et piano... — Paris, Editions Maurice Senart. (2 fasc.).

Bibl. Nationale.

222. (Le Cinéma romanesque-5). **Talbet (Jean-Loup). La petite marchande d'allumettes,** d'après un conte d'Andersen. Illustré d'après le fim des Ateliers du Théâtre du Vieux-Colombier, par Jean Tedesco et Pierre Renoir. Préface de Pierre Mac Orlan. — Paris, Gallimard, 1928. In-4°. (Ed. Sofar).

Bibl. Nationale.

223. **Le conte de ma vie,** traduit par Cécile Lund et Jules Bernard. — Paris, Stock, 1930, in-8°.

224. **Marmier (Xavier). Vie de poète.** (Article sur Andersen dans la *Revue de Paris*. Nouvelle série. Année 1837.)

Bibl. Sainte-Geneviève.

225. **Marmier (Xavier). Histoire de la littérature en Danemark et en Suède.** Paris, Félix Bonnaire, 1839.

Bibl. Sainte-Geneviève.

AUTRES ÉDITIONS

226. **Sechsundzwanzig auserlesene Maerchen** fur die Kinderstube... Mit... Ill. von Erdmann Wagner. — Leipzig et Berlin, 1881. In-8°. (H. C. Andersen's auserwählte Märchen... I. Theil).

A M. Laage-Petersen.

227. **Die Eisjungfrau.** Erzählung aus den Schweizer Bergen. Mit Zeichnungen von Johannes Bossard. — Stuttgart, 1910. In-8°.

A M. Laage-Petersen.

228. **Das Maerchen meines Lebens ohne Dichtung.** Eine Skizze. 1 (-2). Theil-Leipzig, 1847. In-8°.

Bibl. Royale de Copenhague.

229. **Briefwechsel** mit dem Grossherzog Carl Alexander von Sachsen Weimar Eisenach und anderen Zeitgenossen. Herausgegeben von Emil Jonas. — Leipzig, W. Friedrich, (s. d.).

Bibl. Nationale.

230. **Tales and fairy stories...** Ill. by Henry Warren. Nouv. édit. — Londres, 1858. In-8°.

A M. Laage-Petersen.

231. **Stories for the household...** Ill. par A. W. Bayes, gravures par Dalziel Brothers. — Londres, 1872. In-8°.

A M. Laage-Petersen.

232. **The improvisatore...** — Londres, 1845. In-8°. (Avec des photographies collées dans le livre et un dessin à la plume représentant la propriété " Rolighed ").

A M. Laage-Petersen.

233. **R. Nisbet Bain : Hans Christian Andersen.** A biography. — Londres, 1895. In-8°.

Bibl. Royale de Copenhague.

234. **Contes.** Traduits en arabe, par Carlo Landberg. — Beyrouth, 1877. In-16.

Bibl. Nationale.

235. **Contes...** Traduits en bengali. (Bengali Family Library). — Calcutta, 1857. In-8°.

Bibl. Royale de Copenhague.

236. **Le rossignol,** traduit en caucasien. — Vladikavkaz, 1912. In-8°.

Bibl. Royale de Copenhague.

237. **La petite poucette.** Traduit en chinois par Kusuyama. 2e édit. — Tokio, 1929. In-4°.

Bibl. Royale de Copenhague.

238. **[La princesse-poisson-femme].** Traduction chinoise de **La petite sirène.** 6e édit. — Shanghaï, 1927. In-8°.

Bibl. Royale de Copenhague.

239. **Cahier Andersen.** Nr. 2. The short story magazine. Vol. XVI. N° 9. — Shanghaï, sept. 1925. (En chinois). Ill. In-8°.

A M. Laage-Petersen.

240. **Contes.** Zagreb (c'est-à-dire Agram), s. d. (En croatien) In-8°.

A M. Laage-Petersen.

241. **Les cisnes salvajes.** Bajo el sauce. La Margerita. Traduccion castellana de Garcia-Ramon. — Paris, Garnier, 1880. In-18. Illustrations de Yan' Dargent.

Bibl. Nationale.

242. **El cofre volador.** Margarita la del gallinero, etc... Traduccion castellana de Garcia-Ramon. — Paris, Garnier, 1885. In-18. Illustrations de Yan' Dargent.

Bibl. Nationale.

243. **Andersen : Cuentos.** Traducción de Pedro Pedraza y Paez. — Buenos-Aires, 1911. In-8°. (Biblioteca de " La Nacion ").

A M. Laage-Petersen.

244. **La virineto de maro.** Tradukita de D. L. L. Zamenhof... — Paris, Hachette, 1907. (En espéranto) In-4°. Illustré par Hilda May Brodie.

Bibl. Nationale.

245. **Hans Christian Anderseni muinasjutrid. Hulga piltidega** — Tallinn, 1922. In-8°. [**Contes** d'autrefois. Traduction en esthonien]. (Illustré).

A M. Laage-Petersen.

246. **Contes et histoires.** — Porvoossa, 1906. (En finnois). In-8°. (Ill.).

A M. Laage-Petersen.

247. **L'histoire d'une mère,** traduite en langue géorgienne. — Tiflis, 1900. In-8°.

Bibl. Royale de Copenhague.

248. **Contes...** Traduits en groenlandais. — Copenhague, 1904. In-8°.

Bibl. Royale de Copenhague.

249. **Récits. Quelques écrits d'Andersen...** — Godthaab [Groenland], 1909. (En groenlandais). In-8°.

A M. Laage-Petersen.

250. **Contes et récits.** 1 vol. — Vilna, s. d. (En hébreu). In-8°.

A M. Laage-Petersen.

251. **Sprookjes [Contes]...** — Amsterdam, 1846. (En hollandais). In-8°. (Ill.).

A M. Laage-Petersen.

252. **Twee Hanen.** Sprookje, op Steen geteekend door T. van Hoytema. — Amsterdam, 1898. In-4°.

A M. Laage-Petersen.

253. **Recueil complet** de contes et récits... 1 vol. (Ill. par Erna Egyed). S. d. s. v. (En hongrois). In-8°.

A M. Laage-Petersen.

254. **Aeuttugu og Fim Tfintyri sogur... [25 contes].** S. Thorsteinsson pyddi. — Reykjavik, Gamalielsson, 1920. (En islandais). In-8°.

Bibl. Sainte-Geneviève.

255. **Racconti fantastici...** — Milano 1895. In-8°. (Ill.).

A M. Laage-Petersen.

256. **La petite poucette et extraits du livre d'images sans images.** (Traduction en japonais). — Tokyo, 1921. In-8°. (Ill).

A M. Laage-Petersen.

257. **Life of Andersen.** (Edition japonaise). — Tokio, 1925. In-8°.

Musée Andersen à Odensée.

258. **Contes d'Andersen IX...** — Riga, 1915. (En lettonien). In-8°. (Ill.).

A M. Laage-Petersen.

259. **Recueil complet** des contes d'Andersen... — Voronez, 1918. (En lithuanien). In-8°.

A M. Laage-Petersen.

260. **Contes d'Andersen.** 3e édit. — Athènes, s. d. (En néo-grec). In-8°. (Coll. des livres pour enfants, publ. par la Société d'Edition des Livres utiles).

A M. Laage-Petersen.

261. **Utvalgte eventyr og historier. [Contes et récits choisis].** — Christiania, 1917. In-8°.

A M. Laage-Petersen.

262. **Quelques contes...** — Varsovie, 1918 (En polonais). In-8°. (Bibl. de la Jeunesse, n° 9).

A M. Laage-Petersen.

263. **Quatre contes...** — Belgrade, s. d. (En roumain). In-8°. (Petite bibl. populaire et pour la jeunesse...).

A M. Laage-Petersen.

264. **Pierre le chanceux** (traduit en russe). — Moskva, 1920. In-8°.

A M. Laage-Petersen.

265. **Le petit porcher.** Conte. Dessins de M. Dobuzinskij. (En russe). 1922. In-4°.

A M. Laage-Petersen.

266. **Contes d'Andersen.** Trad. d'après l'édition allemande, revue par l'auteur, par J. Trubi. — Vienne, 1920. (En ruthénien). In-8°. (Bibliothèque enfantine 18).

A M. Laage-Petersen.

267. **Fantaisies danoises.** Contes... — Genève-Paris, 1861. (Ed. suisse). In-8°.

A M. Laage-Petersen.

268. Hans Kristian Andersen : **Sagor och beraettelser.** 1-2... [**Contes et récits**]. — Stockholm, 1877. (En suédois). In-8°.

A M. Laage-Petersen.

269. **Histoires,** contes, récits, choisis pour la jeunesse... Ill. d'après les dessins originaux de F. et L. Richter, Osterwald et Löffler. — Prague, 1874. (En tchèque). In-8°.

A M. Laage-Petersen.

270. **Andersens Eventyr.** [Contes d'Andersen]. Trad. en turc par Rushin Eshraf. (Lectures enfantines n° 4.)— Constantinople, 1923 (?). In-8°.

A M. Laage-Petersen.

271. **Livre d'images sans images.** (En volapük). — Vienne, 1887. In-8°.

Musée Andersen à Odensée.

272. **Contes d'Andersen...** — Varsovie, 1921. (En yeddisch). In-8°.

A M. Laage-Petersen.

273. **Historien om en Moder,** i femten Sprog. [**L'histoire d'une mère,** en 15 langues. Ed. à l'occasion du 70e anniversaire d'Andersen]. — Kjøbenhavn, Reitzel, 1875. In-4o.

Bibl. Sainte-Geneviève.

274. **Une mère.** Conte, en 22 langues... — Saint-Pétersbourg, 1894. (Avec le titre en russe). In-4o.

A M. Laage-Petersen.

ÉDITIONS DE LUXE

275. **Eventyr.** Med 125. Illustrationer efter Original tegninger af V. Pedersen, skaarne i Tra af Ed. Kretzschmar. [**Contes...** avec 125 ill., d'après les dessins orig. de V. Pedersen, gravées sur bois par Ed. Kretzschmar]. — Kjøbenhavn, 1850. In-8°.

A M. Laage-Petersen.

276. **Historier.** Med 55. Ill. efter original-tegninger af V. Pedersen... [**Histoires d'Andersen.** Avec 55 illustrations d'après les dessins originaux de V. Pedersen...]. — Copenhague, 1855. In-8°.

Bibl. de l'Université de Copenhague.

277. **Eventyr og Historier.** Med. Ill. efter originaltegninger af V. Pedersen. [**Contes et histoires** d'Andersen. Avec illustrations d'après les dessins originaux de V. Pedersen]. Vol. I-II. — Copenhague, 1862-1863. In-8°.

Bibl. de l'Université de Copenhague.

278. **Femten Eventyr og Historier.** Ny Udgave. Med Illustrationer af Lorenz Frølich. [**Quinze contes et histoires.** Nouv. éd. ill. par L. Frølich]. — Kjøbenhavn, 1867. In-8°.

A M. Laage-Petersen.

279. **Eventyr.** Verdensudgave illustreret af Hans Tegner (1-2 Del.). [**Contes.** Ed. universelle illustré par Hans Tegner (1re et 2e partie)]. — Kjøbenhavn, 1900. In-4°. (2 vol. pap. Japon).

A M. Laage-Petersen.

280. **Eventyr og Historier.** [Contes et récits]. — Kjøbenhavn, 1903. In-8°. Edition de luxe avec illustrations de Vilh. Pedersen, vol. I-II.

A M. Laage-Petersen.

281. **Eventyr og Historier.** [**Contes et histoires**], choisis par S. Bauditz. Publ. à l'occasion du centième anniversaire du poète. Illustrations de Vilh. Pedersen et Lorenz Frølich. Vol. 1. — Copenhague, Christiania, 1905. In-8°.

Bibl. Royale de Copenhague.

282. **Den lille Havfrue. Kærestefolkene. Den grimme Aelling.** Ilustreret til Forfatterens 100. Aars Jubilseum af Lorenz Frølich. [**La petite sirène. Les fiancés. Le vilain petit canard.** Ed. ill. à l'occ. du 100e anniversaire de l'auteur par L. Frølich]. — Kjøbenhavn, 1905. In-4°.

A M. Laage-Petersen.

283. **Eventyr** [**Contes et récits**], choisis par Vilhelm Andersen. Avec dessins de Louis Moe. Vol. I-II. — Copenhague, 1926. In-8°.

A M. H. G. Olrik.

284. **Eventyr** [**Contes et récits**], choisis par Julius Clausen. Edition du jubilé, avec 24 ill. en couleurs d'Axel Mathiesen. I-II. — Copenhague, 1926. In-8°.

A M. Jespersens, éditeur, Copenhague.

285. **Eventyr... [Contes].** 1er recueil, avec silhouettes d'Else Hasselriis. — Copenhague, Oslo, 1929. In-8°.

A MM. Jespersen et Pio, éditeurs, Copenhague.

286. **Lykkeper [Pierre le chanceux].** Illustré par Gerda Ploug Sarp. — Copenhague, 1929. In-8°.

A M. Hagerup, éditeur, Copenhague.

287. **Eventyr... [Contes et récits].** Avec illustrations de Vilhelm Pedersen et une préface d'Edvard Brandes. I-II. (Edition de luxe). — Copenhague, 1930. In-4°.

A Gyldendal, éditeur, à Copenhague.

288. **Digte... [Choix de poésies]**, par P. V. Rubow. Ill. par Gerda Ploug Sarp. — Copenhague, 1930. In-8°.

A M. Hagerup, éditeur, Copenhague.

289. Dessins de Frits Syberg pour l'**Histoire d'une mère** d'Andersen. — Copenhague, 1901. In-4°.

Bibl. Royale de Copenhague.

290. **...Histoires et aventures.** Traduction nouvelle précédée d'une préface d'Eugène Rodrigues. — Paris, 1909. In-4°. Eaux-fortes originales et bois dessinés par Alexandre Lunois.

Bibl. Nationale.

291. Eug. Rodrigues. Préface pour **Histoires et aventures.** — Paris 1909. In-8°. Tirage à part à 10 exemplaires de cette préface, avec une couverture spéciale, dans une reliure incisée et lamée, représentant la Reine des Neiges.

M. et Mme Malo Renault.

292. **Les Contes...** Traduits en français par Etienne Avenard. — Paris, Société d'Editions et de Publications, 1911. In-4°. Illustrations de Hans Tegner, gravées sur bois par Hovian, Rousseau, Bauer, etc.

Bibl. Nationale.

293. **Contes...** — Paris, Hachette, 1928. In-4°. Illustrations de G. Dutriac.

Bibl. Nationale.

294. **La petite Sirène...** — Paris, H. Floury, 1899. In-4°. Illustrations d'Henri Dobler.

Bibl. Nationale.

295. **Die Prinzessin und der Schweinehirt.** — Wien. Gesellschaft für vervielfältigende Kunst, 1897. In-f° Illustrations de H. Lefler.

Bibl. Nationale.

296. **Reiseblaetter aus Oesterreich...** — Wien-Leipzig, 1919. In-8°.

A M. Laage-Petersen.

297. **Danish fairy legends and tales.** — Londres, 1846. In-8°. (Avec des aquarelles originales dans la marge. Exemplaire unique. Ancien ex-libris : William Farbes Morgan).

A M. Laage-Petersen.

298. **The ice-maiden.** With drawings by Zwecker, engraved by Pearson... — Londres, 1863. In-4°.

A M. Laage-Petersen.

299. **The snow queen.** Ill. par T. Pym. — Londres, 1883. In-4°.

A M. Laage-Petersen.

300. **Stories and fairy tales...** Pictures by Arthur I. Gaskin. Vol. I-II. — Londres-Orpington, 1893. (Ballantyne Press). In-4°.

A M. Laage-Petersen.

301. **Tommelise. [La petite poucette].** Illustré par Elsa Beskow. — Copenhague, Christiania. (Stockholm, 1909). In-4°.

Bibl. Royale de Copenhague.

302. **Lill-Klass och Stor-Klas.** [Traduction suédoise de Petit Claus et Grand Claus]. Illustré par Bror Hillgren. — Stockholm, 1913. In-4°.

Bibl. Royale de Copenhague.

303. **Näktergalen. [Le rossignol]...** — Stockholm, 1918. Grand. in-8°. (En suédois).

A M. Laage-Petersen.

DESSINS, ESTAMPES, PEINTURES, etc...

Dessins et silhouettes exécutés par Andersen

304-314. **Onze dessins** (originaux) à la plume, **exécutés par** Andersen pendant ses voyages à l'étranger.

Musée Andersen à Odensée.

315. **Huit silhouettes** découpées par Andersen.

Collection Collin, Bibl. Royale de Copenhague.

316. **Silhouette blanche** sur fond bleu découpée par Andersen pour Mme Melchior, née Henriques, 1874.

Musée Andersen à Odensée.

317. **Pierrot devant un arbre.** Silhouette découpée par Andersen.

Musée Andersen à Odensée.

318. **Silhouette** découpée par Andersen.

A Mme Hagelstam.

Illustrations des Contes

319-343. **Dessins originaux** de Lorenz Frœlich pour les contes d'Andersen. (Edition 1870-1874. Vol. 1-3). — Plume et crayon.

Appartient à la famille de l'artiste.

344. Quatre dessins originaux de **Lorenz Frœlich** pour **" Le vilain petit canard "**. (Reproduits dans l'édit. de 1905). — Encre de Chine et plume.

Musée Andersen à Odensée.

345. **Lorenz Frœlich** : Dessins original pour **" Les fiancés "**. (La balle et le sabot). (Reproduit dans l'édit. de 1905, p. 77).

Musée Andersen à Odensée.

346. **Lorenz Frœlich** : Dessin original pour **" Les fiancés "**. (La balle et le sabot). (Reproduit dans l'édit. de 1905, p. 76).

Musée Andersen à Odensée.

347-376. **Dessins originaux de Louis Moe** pour les contes et récits d'Andersen ; recueil choisi par Vilh. Andersen. (Edit. de luxe. Vol. I-II. Copenhague, 1926).

Appartient à l'artiste.

377. **Vilhelm Pedersen : Peine de cœur.** D'après H. C. Andersen, 1864. — Crayon.

Appartient à Mme Hagerup, Copenhague.

378-379. **Dessins originaux de Vilh. Pedersen** pour les contes d'Andersen. — Crayon et plume.

Musée National des Beaux-Arts de Copenhague.

380. **Huit agrandissements de dessins de Vilhelm Pedersen** pour les contes d'Andersen, destinés aux écoles. — Lithographies.

381-385. Cinq dessins originaux de **Gerda Ploug-Sarp** pour **" Pierre le chanceux "**. (Reproduits dans l'édit. Hagerup, Copenhague, 1929).

Appartient à l'artiste.

386-401. **Seize dessins originaux de Gerda Ploug-Sarp** pour les poésies d'Andersen. (Edit. Hagerup, Copenhague, 1930).

402-407. Six esquisses originales de **Fritz Syberg** pour **" L'histoire d'une mère "**, dessinées vers 1900-1902. — Crayon et plume.

Musée National des Beaux-Arts de Copenhague.

408. **Hans Tegner** : dessin original pour le conte : **" Le vent déplace les enseignes "**. (Reproduit dans l'édit. universelle de 1900). — Dessin à la plume.

Musée Andersen à Odensée.

409-411. Dessins originaux de **Hans Tegner** pour **" La princesse sur un pois "**. (Edit. universelle de 1900). — Plume.

Musée Andersen à Odensée.

412-418. **Hans Tegner** : Dessins originaux pour **" La petite poucette "**. (Reproduits dans l'édit. universelle de 1900). — Plume.

Musée Andersen à Odensée.

419. Dessin original de **Hans Tegner** pour **" La Tirelire "**. (" Danmark ", n° 19). — Plume et couleurs.

Musée Andersen à Odensée.

420-422. **Hans Tegner** : Dessins originaux pour **" La Tirelire "**. (Reproduits dans l'édit. universelle de 1900). — Plume.

Musée Andersen à Odensée.

423-427. Dessins originaux de **Hans Tegner** pour **" Les sauteurs "**. (Reproduits dans l'édit. universelle de 1900). — Plume.

Musée Andersen à Odensée.

428-432. Dessins originaux de **Hans Tegner** pour **" Les feux follets sont dans la ville ".** (Edit. universelle de 1900). — Encre de Chine et plume.

Musée Andersen à Odensée.

433. Dessin original de **Hans Tegner** pour **" L'intrépide soldat de plomb ".** (" Danmark ", n° 18). — Plume et couleurs.

Musée Andersen à Odensée.

434. Dessin original de **Hans Tegner** pour **" Sous le sureau ".** (" Danmark ", n° 8). — Plume et couleurs.

Musée Andersen à Odensée.

435. Dessin original de **Hans Tegner** pour **" La Théière ".** (" Danmark ", sans numéro). — Plume et couleurs.

Musée Andersen à Odensée.

436. **Dessin original de Hans Tegner.** (" Danmark ", n° 10). — Plume et couleurs.

Musée Andersen à Odensée.

437. Dessin original de **Hans Tegner** pour **" Le rossignol ".** (" Danmark ", n° 15). — Plume et couleurs.

Musée Andersen à Odensée.

438. Dessin original de **Hans Tegner** pour **" Les habits de l'empereur ".** (" Danmark ", n° 13). — Plume et couleurs.

Musée Andersen à Odensée.

439. **Dessin original de Hans Tegner.** (" Danmark ", n° 21). — Plume et couleurs.

Musée Andersen à Odensée.

440. Dessin original de **Hans Tegner** pour “ **Les fiancés** ”. (“ Danmark ”, n° 2). — Plume et couleurs.

Musée Andersen à Odensée.

441. Dessin original de **Hans Tegner** pour “ **C'est tout ce qu'il y a de plus sûr !** ”. (“ Danmark ”, n° 16). — Plume et couleurs.

Musée Andersen à Odensce.

442. Dessin original de **Hans Tegner** pour “ **Le petit porcher** ”. (“ Danmark ”, n° 9). — Plume et couleurs.

Musée Andersen à Odensée.

443. Dessin original de **Hans Tegner** pour “ **La bergère et le ramoneur** ”. (“ Danmark ”, n° 24). — Plume et couleurs.

Musée Andersen à Odensée.

444. Dessin original de **Hans Tegner** pour “ **Les cygnes sauvages** ”. (“ Danmark ”, n° 20). — Plume et couleurs.

Musée Andersen à Odensée.

445. Dessin original de **Hans Tegner** pour “ **Le lutin chez le charcutier** ”. (“ Danmark ”, n° 22). — Plume et couleurs.

Musée Andersen à Odensée.

446. Dessin original de **Hans Tegner** pour “ **Un cœur gai** ”. (“ Danmark ”, n° 14). — Plume et couleurs.

Musée Andersen à Odensée.

447. Dessin original de **Hans Tegner** pour “ **Le coffre volant** ”. (“ Danmark ”, n° 5). — Plume et couleurs.

Musée Andersen à Odensée.

448. Dessin original de **Hans Tegner** pour “ **Les cigognes** ”. (“ Danmark ”, n° 17). — Plume et couleurs.

Musée Andersen à Odensée.

PORTRAITS D'ANDERSEN

449. **Buste d'Andersen,** modelé par H. V. Bissen, daté du 11 octobre 1861.

Musée National des Beaux-Arts de Copenhague.

450. **Portrait (peinture) d'Andersen,** par C. A. v. Benzon. Exécuté 1835-1836.

Musée du Château de Frederiksborg.

451. **Peinture représentant Andersen** en train de lire à haute voix au chevet du lit d'un enfant malade et entouré par d'autres enfants. Exécutée au printemps 1862 par Mme Elisabeth Jérichau Baumann.

A Mme Gulmann, Copenhague.

452. **Portrait d'Andersen,** copie d'après une peinture de C. Bloch (printemps 1869, par D. Hvidt.

A Mlle M. Henriques.

453. **Portrait d'Andersen,** dessin original de l'artiste autrichien Ramberg, vers 1844.

Musée du Château de Frederiksborg.

454. **Portrait de H. C. Andersen.** — Lithographie anonyme.

Cabinet des Estampes.

455. **Portrait d'Andersen,** vers 1832. — Plume de Gertner.

A Mme Hagelstam.

456. **Portrait d'Andersen.** — Lithographie d'après une peinture de C. A. Jensen, 1836.

Bibl. Royale de Copenhague.

457. **Portrait d'Andersen,** gravé par Peter Ilsted en 1928, d'après une peinture de C. A. Jensen, exécutée en 1836. — Manière noire et couleurs.

Appartient à l'artiste.

458. **Portrait d'Andersen,** gravé par Peter Ilsted en 1928, d'après une peinture faite en 1836 par C. A. Jensen. — Manière noire.

Appartient à l'artiste.

459. **Portrait d'Andersen,** gravé par Peter Ilsted, d'après une peinture de C. A. Jensen, exécutée en 1846. — Manière noire.

Appartient à l'artiste.

460. **Portrait d'Andersen,** gravé par Peter Ilsted, d'après une peinture de C. A. Jensen, exécutée en 1846. — Manière noire et couleurs.

Appartient à l'artiste.

461. **Portrait d'Andersen.** — Lithographie de J. W. Tegner, d'après un dessin de Vilh. Gertner, 1845.

Bibl. Royale de Copenhague.

462. **Portrait d'Andersen.** — Eau-forte de Magn. Petersen, 1864, d'après un dessin de Vilh. Gertner, 1845.

Bibl. Royale de Copenhague

463. **Portrait d'Andersen.** — Lithographie de J. F. Møller, 1847, exécuté en Angleterre pendant un séjour d'Andersen dans ce pays.

Bibl. Royale de Copenhague.

464. **Portrait d'Andersen.** — Lithographie d'Em. Bærentzen.

Bibl. Royale de Copenhague.

465. **Portrait d'Andersen.** — Lithographie de J. W. Tegner, d'après une photographie (fait partie de l'édit. originale du " Conte de ma vie ").

Bibl. Royale de Copenhague.

466. **Portrait d'Andersen.** — Photogravure d'après la peinture de Carl Bloch.

Bibl. Royale de Copenhague.

467. **Portrait d'Andersen.** — Eau-forte de Jos. Britze, 1925, d'après un dessin de v. Vogelstein.

Bibl. Royale de Copenhague.

468. **Portrait d'Andersen.** — Gravure sur acier. (Se trouve dans l'édit. des œuvres complètes).

Bibl. Royale de Copenhague.

469. **Photographie d'Andersen.** — Agrandissement d'un cliché antérieur.

A M. Laage-Petersen.

470. **Photographie d'Andersen,** prise à Paris.

Bibl. Royale de Copenhague.

471. **Photographie d'Andersen.** Copenhague. (Collection de portraits de personnalités scandinaves).

Bibl. Royale de Copenhague.

472. **Photographie d'Andersen,** prise à Copenhague.

Bibl. Royale de Copenhague.

473. **Photographie d'Andersen.**
Bibl. Royale de Copenhague.

474. **Portrait d'Andersen.** — Photographie d'après une peinture de Küchler, exécutée en Italie en 183... L'original se trouve au Musée du Château de Frederiksborg.
A M. Laage-Petersen.

475. **Photographie d'Andersen** en habit de soirée, vers 1854.
Musée Andersen à Odensée.

476. **Photographie** (carte d'album) **d'Andersen,** vers 1860.
A M. Laage-Petersen.

477. **Photographie d'Andersen,** prise à Copenhague, vers 1860.
Bibl. Royale de Copenhague.

478. **Photographie d'Andersen et de la comtesse de Frijs et ses filles** au château de Frijsenborg, en 1863.
A M. Laage-Petersen.

479. **Photographie d'Andersen** au château de Frijsenborg, (1865 ?).
A M. Laage-Petersen.

480. **Photographie d'Andersen,** vers 1865.
A M. Laage-Petersen.

481. **Photographie d'Andersen,** vers 1865, prise probablement au château de Frijsenborg.
A M. Laage-Petersen.

482. **Photographie d'Andersen** sur un perron au château de Frijsenborg, vers 1865. (Agrandissement d'une photographie d'amateur).
Bibl. Royale de Copenhague.

483. **Platinotypie d'après une photographie d'Andersen,** vers 1865.

A M. Laage-Petersen.

484. **Photographie d'Andersen,** en 1865, au château de Frijsenborg, portant la signature du poète.

A M. Laage-Petersen.

485. **Photographie d'Andersen,** Copenhague, 1865.

Bibl. Royale de Copenhague.

486. **Photographie d'Andersen,** Copenhague, 1866.

Bibl. Royale de Copenhague.

487. **Photographie d'Andersen,** prise à Paris, vers 1867.

A M. Laage-Petersen.

488. **Portrait d'Andersen et de C. Bloch** (peintre danois), 1867 (?). " Rolighed " [" Tranquillité "], propriété de campagne, près de Copenhague, appartenant à la famille Melchior, amis et protecteurs d'Andersen, et chez qui le poète, vieux et malade, se réfugia pour mourir, le 4 août 1875.

A M. Laage-Petersen.

489. **Photographie** (stéréoscopique) **d'Andersen** à " Rolighed ", en 1867. (Voir la note au n° 488).

490. **Photographie d'Andersen** et d'une petite fille, vers 1870.

A M. Laage-Petersen.

491. **Photographie** (carte d'album) **d'Andersen,** portant, au verso, des vers autographes dédiés à Robert Henriques et datés 1875.

A M. Laage-Petersen.

492. **Photographie** (grande carte d'album) **d'Andersen** dans son appartement à Nyhavn, Copenhague, probablement en 1875.

A M. Laage-Petersen.

493. **Andersen dans le salon de " Rolighed "** (voir la note au n° 488). — Bois.

Bibl. Royale de Copenhague.

494. **Andersen sur son lit de mort** à " Rolighed " (voir la note au n° 488). Au pied du lit, Mme Dorthéa Melchior. — Bois.

Bibl. Royale de Copenhague.

495. **Obsèques d'Andersen à l'église de Notre-Dame** à Copenhague, août 1875. — Bois.

Bibl. Royale de Copenhague.

496. **Tombeau d'Andersen au cimetière " Assistent "**, à Copenhague. — Photographie.

A M. Hendriksen, graveur, Copenhague.

497. **Statue d'Andersen** dans le parc de Rosenborg à Copenhague (œuvre du sculpteur A. V. Saabye, érigée en 1880 par le peuple danois). — Photographie.

Bibl. Royale de Copenhague.

498-500. **Trois photographies** de l'inauguration, au n° 11 de Gl. Kalkbranderivej, Copenhague, ancien emplacement de la propriété de " Rolighed " où mourut Andersen, d'une pierre commémorative élevée et exécutée par le sculpteur français Ancelin.

Musée Andersen à Odensée.

501. **Médaille commémorative** ciselée en 1930 par H. Salomon, graveur médailliste à la Monnaie Royale de Copenhague. — Bronze.

502. **Photographie** d'un paravent à quatre panneaux, décorés d'images collées par Andersen. Appartient à Mlle Louise Collin. (Cliché Elfelt).

Photographie appartenant à M. Elfelt, photographe de la Maison Royale, Copenhague.

503. **Statue d'Andersen** érigée par les Danois-Américains dans le Lincoln Park à Chicago, et exécutée par le sculpteur J. Gelert. — Photographie.

Bibl. Royale de Copenhague.

504. **La chambre Andersen** de la section danoise à l'Exposition de Chicago, en 1893. — Eau-forte parue dans " Illustrerede Tidende ", n° 21, 1893).

Bibl. Royale de Copenhague.

505. **The Andersen School,** Chicago. — Photographie.

Musée Andersen à Odensée

506-509. **Fête au Japon** en 1925, à l'occasion du cinquantième anniversaire de la mort d'Andersen. — Photographie. Tokio.

Musée Andersen à Odensée.

AUTRES PORTRAITS & VUES

510. **Portrait de Frederik VI,** roi de Danemark (1809-1839). — Gravure au burin d'A. W. Bøhm, d'après J. C. Grøger.

Cabinet des Estampes.

511. **Portrait de Christian VIII,** roi de Danemark (1839-1848). — Lithographie de Julien, d'après Court, 1842.

Cabinet des Estampes.

512. **Portrait de Caroline Amélie,** reine de Danemark. — Lithographie de Julien, d'après Court, 1842.

Cabinet des Estampes.

513. **Portrait de Frederik VII,** roi de Danemark (1848-1863). — Gravure au burin de Metzenacher, 1863.

Cabinet des Estampes.

514. **Portrait de Christian IX,** roi de Danemark (1863-1906), et **de la reine Louise.** — Gravure sur bois, anonyme.

Cabinet des Estampes.

515. **Portrait (groupe) de la famille royale** au château de Bernstorff. — Bois exécuté par H. P. Hansen, en 1867.

Bibl. Royale de Copenhague.

516. **Portrait du poète Carl Bagger,** ami de jeunesse d'Andersen. — Lithographie, d'après une peinture.

Bibl. Royale de Copenhague.

517. **Portrait de M. Jonas Collin,** 1844. — Gravure de E. C. W. Eckersberg, d'après une peinture de Wilh. Marstrand.

Bibl. Royale de Copenhague.

518. **Portrait de Mme Henriette Christine Collin,** née Hornemann (morte en 1845). — Photographie autotype.

Musée Andersen à Odensée.

519. **Portrait de Mlle Louise Collin** (fille de M. Jonas Collin et dont Andersen fut amoureux vers 1832), plus tard mariée Lind. — Photographie d'après une peinture.

Musée Andersen à Odensée.

520. **Portrait de M. Edvard Collin.** — Eau-forte d'après une peinture.

Bibl. Royale de Copenhague.

521. **Portrait d'Edvard Collin et de sa femme Henriette,** née Thyberg. — Photographie d'après une peinture.

Musée Andersen à Odensée.

522. **Portrait (groupe) de la famille Frijs-Frijsenborg,** chez qui Andersen séjourna souvent. — Photographie.

Bibl. Royale de Copenhague.

523. **Portrait du peintre danois Lorenz Froelich.** — Lithographie exécutée par l'artiste lui-même.

Bibl. Royale de Copenhague.

524. **Portrait de J. T. Hanch,** professeur au lycée d'Odensée. — Lithographie.

Bibl. Royale de Copenhague.

525. **Portrait du compositeur J. P. E. Hartmann.** — Lithographie, d'après une peinture d'Em. Bærentzen.

Bibl. Royale de Copenhague.

526. **Photographie de l'agent de change Martin R. Henriques.**

A Mlle Marie Henriques, artiste-peintre.

527. **Portrait du poète Fr. Höegh-Guldberg.** — Lithographie (détail).

Bibl. Royale de Copenhague.

528. **Portrait de Mme Elisabeth Jerichau-Baumann,** artiste peintre. — Lithographie d'E. Fortling.

Bibl. Royale de Copenhague.

529. **Portrait du pianiste Fried. Kalkbremer.** — Gravure sur acier de Carl Mayer.

Bibl. Royale de Copenhague.

530. **Portrait de Mme S. Læssöe,** née Abrahamson. — Dessiné et gravé sur bois par H. P. Hansen. (Andersen appelait Mme L... " son amie maternelle ").

Bibl. Royale de Copenhague.

531. **Portrait du docteur ès lettres Meisling,** professeur au lycée de Slagelse à l'époque ou Andersen y fut élève. — Photographie d'après une peinture.

Bibl. Royale de Copenhague.

532. **Portrait du négociant Moritz G. Melchior.** — Lithographie d'après une photographie, 1883.

Bibl. Royale de Copenhague.

533. **Portrait de Mme Dorothée Melchior,** née Henriques. — Photographie d'après une peinture d'Aug. Schiøtt. (Cliché Elfelt).

A M. Elfelt, photographe de la Maison Royale, Copenhague.

534. **Portrait de l'écrivain et critique P. L. Möller.** — Dessin au crayon (anonyme).

Bibl. Royale de Copenhague.

535. **Portrait d'Oehlenschlaeger.** — Gravure au burin de Lizars, d'après Lund.

Cabinet des Estampes.

536. **Portrait du physicien H. C. Oersted.** — Lithographie d'après un dessin d'Em. Bærentzen.

Bibl. Royale de Copenhague.

537. **Portrait de l'officier de marine Vilhelm Pedersen,** illustrateur des Contes d'Andersen. — Lithographie.

Bibl. Royale de Copenhague.

538. **Portrait de la danseuse Mme Schall,** dans le rôle de Nina. — Estampe en couleurs de G. L. Lahde.

Bibl. Royale de Copenhague.

539. **Portrait de Giuseppe Siboni.** — Gravure de Rados. Siboni, maître de chant au Théâtre Royal de Copenhague, enseigna le chant à Andersen, de 1819 à 1820, à son arrivée à Copenhague.

Musée Andersen à Odensée.

540. **Portrait de Bertel Thorvaldsen.** — Lithographie de Fr. Rehberg, 1815.

Cabinet des Estampes.

541. **Photographie, d'après une daguerréotypie, de Mlle Riborg Voigt.**

A M. Laage-Petersen.

542. **Portrait du compositeur C. F. Weyse.** — Lithographie d'après un dessin de W. Marstrand. (Cadre décoratif d'après Constantin Hansen).

Bibl. Royale de Copenhague.

543. **Portrait de Mlle Jette Wulff.** — Reproduction d'après une peinture d'Adam Muller.

Bibl. Royale de Copenhague.

544. **Portrait du contre-amiral P. F. Wulff.** — Lithographie d'Em. Bærentzen, 1841.

Bibl. Royale de Copenhague.

545. **Portrait de J.-J.-Ant. Ampère.** — Lithographie d Auguste Lemoine.

Cabinet des Estampes.

546. **Portrait de David d'Angers.** — Lithographie de Gigoux, 1844.

Cabinet des Estampes.

547. **Portrait de Balzac.** — Lithographie de Julien, 1839.

Cabinet des Estampes.

548. **Portrait de Louis Blanc.** — Lithographie anonyme, 1850.

Cabinet des Estampes.

549. **Portrait de Philarète Chasles.** — Lithographie de Schultz.

Cabinet des Estampes.

550. **Portrait de Dumas,** père. — Lithographie de Devéria.
Cabinet des Estampes.

551. **Portrait de Victor Hugo.** — Lithographie de Devéria, 1829.
Cabinet des Estampes.

552. **Portrait de Mme Victor Hugo.** — Lithographie de Célestin Nanteuil, d'après Louis Boullanger.
Cabinet des Estampes.

553. **Portrait de Lamartine.** — Lithographie de Mme Augustin Fauchery, 1848.
Cabinet des Estampes.

554. **Portrait d'Henri Monnier.** — Lithographie d'Etienne Carjot, 1862.
Cabinet des Estampes.

555. **Portrait de Rachel.** — Lithographie de Cœcilie Brandt.
Cabinet des Estampes.

556. **Portrait du prince royal, plus tard roi Maximilien II** de Bavière. — Gravure sur acier de Fleischmann, d'après un dessin de Haufstaengel.
Bibl. Royale de Copenhague.

557. **Portrait de Bjœrnstjerne Bjœrnson.** — Gravure sur bois, anonyme.
Cabinet des Estampes.

558. **Portrait de Frederike Bremer.** — Lithographie gravée par Wrankmor, d'après O. Sødermark.
Cabinet des Estampes.

559. **Portrait d'Adalbert v. Chamisso.** — Lithographie de Oedermann, d'après Ritschel.

Cabinet des Estampes.

560. **Portrait de Cherubini.** — Photographie d'après le croquis d'Ingres, 1835.

Cabinet des Estampes.

561. **Portrait de Ch. Dickens.** — Lithographie, anonyme.

Cabinet des Estampes.

562. **Portrait d'Henri Heine.** — Lithographie de Cœcilie Brandt.

Cabinet des Estampes.

563. **Portrait de Jenny Lind.** — Lithographie, anonyme, 1850.

Cabinet des Estampes.

564. **Portrait de Fr. Liszt.** — Lithographie de Devéria, 1832.

Cabinet des Estampes.

565. **Portrait de Félix Mendelssohn-Bartholdy.** — Lithographie d'A. Dircks, d'après Fh. Hidebrandt.

Cabinet des Estampes.

566. **Portrait du comte A. K. P. Rantzau-Breitenburg.** — Lithographie d'Em. Bærentzen, 1844.

Bibl. Royale de Copenhague.

567. **Portrait de Rossini.** — Lithographie de Léon Noël, d'après Ary Scheffer, 1847.

Cabinet des Estampes.

568. **Portrait de Fr. G. J. v. Schelling.** — Gravure au burin, gravée par A. Schultheis, d'après J. Stieler.

Cabinet des Estampes.

569. **Portrait de Robert Schumann.** — Lithographie de Auguste Küssemer.

Cabinet des Estampes.

570. **Portrait de la pianiste Mme Clara Schumann** (photographié d'après une lithographie).

Bibl. Royale de Copenhague.

571. **Portrait de L. Tieck.** — Lithographie de L. Zøllner, d'après C. Küchler, 1828.

Cabinet des Estampes.

572. **Maison à Odensée** (partie sud restée intacte), **où Andersen passa son enfance.** — Photographie.

A M. Hendriksen, graveur, Copenhague.

573. **Maison où Andersen vécut pendant son enfance,** dans la ruelle Munkemøllestrade, à Odensée. — Bois publié dans " Illustrerede Tidende ", du 5 janvier 1868.

Bibl. Royale de Copenhague.

574. Maison dite **" La maison natale " d'Andersen, à** Odensée. — Lithographie de Nordahl Grove, 1868.

(Cette appellation repose sur une tradition dont il n'est pas possible de prouver l'authenticité, mais qui fut cause de la falsification, en janvier 1868, du registre paroissial).

Bibl. Royale de Copenhague.

575. Endroit sur **les bords de la rivière d'Odensée** où la mère d'Andersen, blanchisseuse, venait laver le linge. — Photographie.

Musée Andersen à Odensée.

576. **La rue Clare à Odensée** à l'époque d'Andersen, qui habitait, avec ses parents, tout près de là. — A droite, entrée de l'évêché ; à gauche, la prison d'Odensée ; au fond, la rivière et " la colline des nonnes ". — Peinture à l'huile exécutée par le cordonnier J. P. Thomson.

Musée Andersen à Odensée.

577. La **" rue haute " à Odensée,** vue de la rue " de la croix ", vers 1800. — Photographie d'après une peinture d'amateur.

Musée Andersen à Odensée.

578. **Le château d'Odensée.** — Estampe (de S. H. Petersen), vers 1830.

(Andersen y prit part à une fête enfantine de Mardi-Gras. Plus tard, on l'y fit venir pour le présenter au futur roi Christian VIII, qui lui offrit de l'aider à entrer apprenti chez un tourneur).

Bibl. Royale de Copenhague.

579. **Vue du canal d'Odensée** et du jardin de " Marieshøj ", appartenant à l'imprimeur Iversen, ami et protecteur d'Andersen. — Estampe coloriée de H. A. Grosch, d'après un dessin de J. Hauck, vers 1800.

Bibl. Royale de Copenhague.

580. **Ruelle de " Mœntestrade ",** à Odensée, restée presque la même jusqu'à nos jours. — Eau-forte de Jensen-Stevns.

Bibl. Royale de Copenhague.

581. **La place de " Horse ",** à Odensée, où joua Andersen, enfant. — Eau-forte de Jensen-Stevns.

Bibl. Royale de Copenhague.

582. Photographie de **la place de Horse,** à Odensée, en mai 1926.

A M. H. G. Olrik.

583. **Le théâtre d'Odensée.** — Lithographie par J. A. B. à Berlin. (Andersen y fut un hôte assidu depuis sa première enfance et y monta même sur les planches, comme figurant.)

Bibl. Royale de Copenhague.

584. **L'église de Saint-Jean à Odensée.** — Eau-forte de M. F. Larsen. (C'est dans cette église que fut confirmé, le 15 avril 1805, le baptême d'Andersen ; celui-ci avait été ondoyé le 2 janvier).

Bibl. Royale de Copenhague.

585. **Partie de la rivière d'Odensée.** — Photogravure.

Bibl. Royale de Copenhague.

586. **Vues d'Odensée.** — Lithographies de J. H. Hauck, 1837.

Bibl. Royale de Copenhague.

587. **La place de " Flakhaven " à Odensée.** — Photographie d'après une image coloriée dans l'Album d'Andersen.

Bibl. Royale de Copenhague.

588. **Odensée.** — Aquatinte de R. N. Nielsen.

Bibl. Royale de Copenhague.

589. **Vue d'Odensée,** dans l'île de Fionie, du côté est. — Taille-douce en couleurs par S. L. Lange, 1805.

Bibl. Royale de Copenhague.

590. **Vue sur la ville de Slagelse,** où Andersen fut lycéen de novembre 1822 à mai 1826. — Crayon et encre de Chine par Tegner, vers 1800.

Bibl. Royale de Copenhague.

591. **Photographie de la rue Brede, à Slagelse.** A été démolie depuis.

A M. H. G. Olrik.

592. **Photographie de l'ancien lycée de la rue Royale à Elseneur.**

A M. H. G. Olrik.

593. **Vue d'Elseneur,** de Kronborg et du Sund. — Gravure en couleurs de S. L. Lange, 1804.
(Andersen alla à l'école à Elseneur, de 1826 à 1827).

Bibl. Royale de Copenhague.

594. **Vue de Copenhague,** prise de l'étage supérieur du château de Frederiksberg. — Aquatinte en couleurs, vers 1820.

C'est à peu près sous cet aspect que se présenta la ville de Copenhague aux yeux du jeune Andersen lorsque, le 6 juin 1819, il l'aperçut pour la première fois et que, ayant quitté la diligence, il descendit à pied vers la ville.

Bibl. Royale de Copenhague.

595. **La rue " Holmen " à Copenhague** (où habita Andersen pendant son premier séjour à Copenhague, de 1819 à 1822). — Dessin colorié de L. Both, 1884.

Bibl. Royale de Copenhague.

596. Photographie de l'escalier de l'**immeuble n° 18 de la rue Holmen.**

A M H. G. Olrik.

597. **La mansarde d'étudiant dans la ruelle de Vingaard** (actuellement au n° 6), **Copenhague.** — Dessin au crayon par Tormer.

A M. H. G. Olrik.

598. **Tour de Saint-Nicolas,** Copenhague. — Lithographie de Em. Bærentzen, vers 1840.
(C'était la vue qu'avait Andersen de sa mansarde d'étudiant).

Bibl. Royale de Copenhague.

599. **Nyhavn** à Copenhague, où Andersen habita à deux époques différentes : au n° 20, en 1838-1839, et, au n° 18 à partir de 1871.

Bibl. Royale de Copenhague.

600. **Maison à Copenhague (Nyhavn 67)**, habitée par Andersen de 1845 à 1864. — Photographie.

A M. Roffenberg, Copenhague.

601. **Portrait d'Andersen** dans son appartement à Nyhavn, Copenhague. — (Platinotypie, agrandissement, d'après une photographie).

Bibl. Royale de Copenhague.

602. **La propriété des Collin** (vue de la rue Norge). — Eau-forte d'après un dessin de Heinrich Hansen, 1850.

Bibl. Royale de Copenhague.

603. **La propriété de " Rolighed ".** [" Tranquillité "], près de Copenhague, où Andersen mourut, le 5 août 1875. — Bois.

Bibl. Royale de Copenhague.

604. **Copenhague.** Vue générale et quelques monuments, vers 1845. — Lithographie.
(Extrait de " Copenhague à l'époque d'Andersen ").

Bibl. Royale de Copenhague.

605. **Le palais du roi** (Amalienborg), à Copenhague, 1843. — Lithographie.
C'est dans le corps de bâtiment à gauche, chez l'amiral Wulff, qu'Andersen habita pendant ses vacances à l'époque où il était élève au lycée de Slagelse.

Bibl. Royale de Copenhague.

606. **Place Royale** à Copenhague. — Gravure.
(Epreuve pour papier à lettres, vers 1850).

Bibl. Royale de Copenhague.

607. **Place Royale** à Copenhague. — Lithographie en couleurs d'Ad. Kittendorff d'après un dessin de Heinrich Hansen, 1857 (?).

Bibl. Royale de Copenhague.

608. **Place Royale** à Copenhague. — Dessin et lithographie d'A. Nay, 1869.

Bibl. Royale de Copenhague.

609. **Le Théâtre Royal** à Copenhague. — Lithographie de Em. Bœrentzen, 1842.

Bibl. Royale de Copenhague.

610. **La rue " Oester "** à Copenhague. — Dessin colorié de L. Both d'après Kraft, 1835.

Bibl. Royale de Copenhague.

611. **Le théâtre " Casino "** à Copenhague où furent représentées les comédies féeriques d'Andersen. — Dessin et lithographie de F. Larsen.

Bibl. Royale de Copenhague.

612. **Maison de la famille Voigt, à Faaborg** (Fionie). — Photographie.

C'est ici qu'habita Mlle Riborg Voigt, dont Andersen fut longtemps amoureux.

A M. Hendriksen, graveur, Copenhague.

613. **Vue de la ville de Faaborg** (Fionie.) — Gravure en couleurs de A. Flint, d'après une peinture de S. L. Lange, vers 1820.

Bibl. Royale de Copenhague.

614. Vue de **la ville de Silkeborg** (Jutland). — Photographie par A. Fritz.

Bibl. Royale de Copenhague.

615. **Demeure du poète Ingemann, à Soroe**. — Lithographie de Nordahl Grove, 1855, d'après une peinture de H. Harder.

Bibl. Royale de Copenhague.

616. **Château d'Augustenbourg** à Als, où Andersen fut l'hôte, en 1844, du duc d'Augustenbourg. — Lithographie d'A. Nay, d'après une peinture d'A. Juvel.

Bibl. Royale de Copenhague.

617. **La propriété "Basnæs"** près de Skjelskør (Seeland.) — Bois d'après un dessin de Chr. Hetsch, 1863. (Vers la fin de sa vie, Andersen y séjourna de façon régulière tous les ans à Noël, invité par Mme Scavenius. Il y composa un grand nombre de ses contes).

Bibl. Royale de Copenhague.

618. **La propriété " Bregentved "**, dans l'île de Seeland, où Andersen fit plusieurs séjours comme hôte du comte de Moltke, entre autres en 1843, époque où il travaillait au " Vilain petit canard ". — Photographie.

Bibl. Royale de Copenhague.

619. **Elvedgaard**, près de Bogense (Fionie), où enfant, il fut hôte, ainsi que plus tard, en 1829. — Gravure de S. H. Petersen, vers 1820.

Bibl. Royale de Copenhague.

620. **Le château de Frijsenborg** (Jutland), avant sa reconstruction, vers 1862. — Lithographie d'après un dessin de F. Richardt.

Bibl. Royale de Copenhague.

621. **Le château de Frijsenborg**, après la reconstruction effectuée vers 1862. — Lithographie.

Bibl. Royale de Copenhague.

622. **La propriété " Gisselfeld "** dans l'île de Seeland. — Lithographie d'après un dessin de F. Richardt. (C'est ici qu'Andersen, en été 1847, eut l'idée de son conte " Le vilain petit canard ").

Bibl. Royale de Copenhague.

623. **" Glorup "**, propriété en Fionie. — Lithographie de J. Hellesen, d'après un dessin de F. Richardt.

Bibl. Royale de Copenhague.

624. **La propriété " Holoteinborg "** (Seeland). — Lithographie d'après un dessin de F. Richardt.
(Andersen y séjourna à différentes reprises).

Bibl. Royale de Copenhague.

625. **La propriété " Lykkesholm "** dans l'île de Fionie. — Lithographie de H. Jensen, d'après un dessin de F. Richardt.
(Andersen a décrit cette propriété dans son roman **O. T.** Il y séjourna fréquemment vers 1830).

Bibl. Royale de Copenhague.

626. **La propriété " Nôrre Vosborg ".** — Lithographie d'après un dessin de F. Richardt.

Bibl. Royale de Copenhague.

627. **La propriété " Nysô "**, dans l'île de Seeland. — Bois.
(Ici Andersen écrivit, en 1838, " Le rossignol " ; en 1843, " Sous le sureau ", et, en 1845, " La cloche ". Il y rencontra le sculpteur Thorvaldsen.

Bibl. Royale de Copenhague.

628. **" Tollelund "** (propriété d'amis protecteurs d'Andersen), près d'Odensée. — Aquarelle de I. H. T. Hanck, 1806.

Musée Andersen à Odensée.

629. **Maxen** et ses environs.
Appartenant à la famille des Serres, protecteurs d'Andersen.

Musée Andersen à Odensée.

630. **Porcelaines** de la Manufacture Royale de Copenhague.

631. **Porcelaines** de la Manufacture Bing Groendal, Copenhague.

TABLE DES MATIÈRES

11307-3-30.
Imp. Lang, Blanchong et Cie,
30, rue du Poteau,
Paris (18e).

www.ingramcontent.com/pod-product-compliance
Ingram Content Group UK Ltd.
Pitfield, Milton Keynes, MK11 3LW, UK
UKHW021557260726
13993UKWH00002B/885

9 782329 176932